CHINA CHILD
DEVELOPMENT
REVIEW

方晋 主编

中国儿童发展评论

第1辑

中信出版集团 | 北京

图书在版编目（CIP）数据

中国儿童发展评论 . 第 1 辑 / 方晋主编 . -- 北京：
中信出版社，2025.1. -- ISBN 978-7-5217-7321-7

I. D432.5

中国国家版本馆 CIP 数据核字第 20247AX136 号

中国儿童发展评论（第 1 辑）
主编： 方　晋
出版发行：中信出版集团股份有限公司
　　　　　（北京市朝阳区东三环北路 27 号嘉铭中心　邮编　100020）
承印者： 嘉业印刷（天津）有限公司

开本：787mm×1092mm　1/16　　印张：10.5　　　字数：120 千字
版次：2025 年 1 月第 1 版　　　　印次：2025 年 1 月第 1 次印刷
书号：ISBN 978-7-5217-7321-7
定价：68.00 元

版权所有·侵权必究
如有印刷、装订问题，本公司负责调换。
服务热线：400-600-8099
投稿邮箱：author@citicpub.com

卷首语

方晋

儿童是国家的未来，促进儿童发展是关系人民幸福和国家前途的长远大计。在中国实现中华民族伟大复兴和现代化的历史进程中，对儿童发展问题给予特别的关注，是从根本上夯实人力资本，杜绝贫困的代际传递，缩小城乡之间和地区之间的发展差距，实现共同富裕目标的重要战略举措。最新研究表明，投资儿童尤其是儿童早期发展是开发人力资本和消除贫困的重要途径，投入越早、成本越低、回报越高。联合国和很多国家政府都在为现代化和儿童发展积极努力。

得益于快速的经济社会发展以及高度重视民生的政策取向，中国在儿童发展方面取得了长足进步，提前实现了联合国千年发展目标，消除了绝对贫困。但中国是发展中大国，城乡之间、地区之间发展很不平衡，这在儿童发展方面也表现得很突出，距离实现现代化和共同富裕的目标还有明显差距，需要政府和社会各界继续做出不懈的努力。

有鉴于此，中国发展研究基金会（CDRF）特别设立《中国儿童发

---

* 方晋，中国发展研究基金会副理事长兼秘书长。

中国儿童发展评论（第1辑）
China Child Development Review

展评论》辑刊，旨在推动对现代化与儿童发展的前沿理论介绍和研究，总结并交流地方经验和模式，介绍最新国际发展动向，同时积极推介中国经验，促进国际交流和合作。

中国发展研究基金会的宗旨是支持政策研究、促进科学决策、服务中国发展。自1997年成立以来，中国发展研究基金会长期关注社会公平、反贫困与农村儿童发展问题，开展了一系列儿童发展社会实验，推动了"农村义务教育学生营养改善计划""贫困地区儿童营养改善项目"等国家政策的制定，陆续出版了《反贫困与中国儿童发展》《反贫困与中国儿童发展Ⅱ》《中国儿童发展报告2017：反贫困与儿童早期发展》等儿童发展研究成果。

促进儿童发展是一项伟大、崇高的事业，是回报率最高的人力资本投资。我们希望《中国儿童发展评论》的编辑出版能够促进社会各界在现代化与儿童发展领域的交流，为中国儿童发展研究和政策制定提供借鉴。

目 录
Contents

理论探索

2　典型入户辅导项目对儿童技能的影响

周瑾　詹姆斯·赫克曼　刘蓓　卢迈

41　消除儿童贫困问题的建议：基于多维贫困的角度　李实

44　"育苗"经济学：关于儿童早期发展的事实与建议　蔡昉

社会试验

54　脱贫地区的儿童早期发展

中国发展研究基金会　中国儿童中心

68　青海乐都"一村一园"项目的长期影响

汪三贵　郑丽娟　张艳姣　赵焕琪

77　我国儿童早期发展模式探索及其有效性评估：基于随机干预试验的证据　史耀疆　岳爱　宋倩楠

政策研究

88 发挥政策影响力，解决"最初一公里"问题：中国发展研究基金会路径　　　　方晋　赵航

105 促进欠发达地区学前教育高质量发展的挑战和建议　　　　杜智鑫　丁玲

116 城镇化背景下人口流动对儿童发展状况影响与挑战　　　　段成荣　梅自颖　吕利丹　王旭

国际经验

144 日本改善"少子"社会现象的政策与举措：以"人生头百月展望"为主要视角　　　　周念丽

152 要成为高收入国家，中国须持续加大对农村人力资本的投资　　　　罗斯高　马修·博斯韦尔

理论探索

Theoretical Exploration

典型入户辅导项目对儿童技能的影响

周瑾　詹姆斯·赫克曼　刘蓓　卢迈

本文使用来自一个被广泛评估的儿童早期家访项目（慧育中国：山

---

*　周瑾，香港城市大学经济及金融系教授。詹姆斯·赫克曼（James J. Heckman），2000年诺贝尔经济学奖得主，芝加哥大学经济系教授、人类发展经济学研究中心主任。刘蓓，博士，中国发展研究基金会儿童发展研究院高级项目主任。卢迈，中国发展研究基金会原副理事长。

**　这篇论文首次在2020年1月美国圣迭戈举办的ASSA年会发布，会议由Scott Rozelle组织，他和Orazio Attanasio一起参加了会议。我们感谢编辑Kevin Lang和三位匿名评审提供的有益评论。芝加哥大学人类发展经济学研究中心（CEHD）感谢新经济思维研究所、美国国立卫生研究院Eunice Kennedy Shriver国立儿童健康与人类发育研究所的资助，资助编号为R37HD065072、NICHD R01HD103666，以及一位匿名捐赠人士的资助。周瑾感谢来自香港城市大学的支持，尤其是对慧育中国项目田野工作的支持。本研究已在AEA注册，注册号为AEARCTR-0007119。本文所表达的观点仅是作者本人的观点，并不一定代表资助者的观点或美国国立卫生研究院的官方观点。中国发展研究基金会感谢瑞银慈善基金会和敦和基金会的支持。作者感谢Susan Chang、Sally Grantham-McGregor、Sylvi Kuperman、Carey Cheng、Rebecca Myerson、张春妮和王怡可在项目设计、实施和数据清理支持方面所做的努力。蔡尔芳和王福瑶提供了高质量的研究协助。中国发展研究基金会感谢杨一鸣、卜凡、刘鹏、史丽佳、梁博姣、郄艺提供宝贵的实地调查工作支持。我们非常感谢研究参与者及其家庭持续参与本研究。http://cehd.uchicago.edu/china-reach_home-visiting_appendix网站提供了本文的补充资料及附录。

村入户早教计划）的大规模随机对照研究的数据，开发了一个新的框架来估计该儿童早期项目对儿童技能的因果影响，同时本文应用了这个新框架来分析产生这些影响的机制。我们基于不同的测度方法来比较项目的干预效果：（1）未加权平均分数，（2）考虑难度调整的得分。我们拓展了项目反应理论（IRT）和Rasch模型的框架，使用我们的方法可以估计出儿童个体的多维度技能。通过比较干预组和控制组的儿童技能的影响，本研究发现"慧育中国"项目能显著提高干预组儿童的多种技能发展。

1. 简介

越来越多的研究表明，儿童早期入户辅导项目对于培养弱势儿童的技能非常有效。小规模入户辅导项目也被证明是有效的。[1] 与许多其他儿童早期项目相比，早期入户辅导的成本相对较低，而且它们在育婴辅导员培训和基础设施支持方面的要求也最低。

本文研究了牙买加入户辅导项目"向上学习"（Reach Up and Learn）在中国的规模实施情况。牙买加"向上学习"项目始于30多年前，其运作非常成功，吸引世界各地纷纷效仿。入户辅导人员的受教育水平与接受辅导的照料人相当，这一特点促进了"向上学习"项目推广的可行性。该项目的低成本和灵活性，使它成为对发展中国家有吸引力的项目。[2]

本文研究了中国西部贫困地区大规模开展"慧育中国：山村入户早

---

[1] 参见 HomVEE（2020）和 Howard and Brooks-Gunn（2009）。
[2] 参见 Grantham-McGregor and Smith（2016）和 Jervis et al.（2023）以了解在不同环境下实施牙买加项目的全面计划表。

教计划"（该项目以牙买加项目为蓝本，以下简称慧育中国）的情况（1 500多位参与儿童，而牙买加项目的参与儿童仅为100多人）。我们研究的项目是由牙买加项目的设计者参与设计的，与牙买加项目一样，通过随机对照试验进行评估。

虽然这两个项目课程的主要内容是相同的，但参与者是不同的。牙买加项目主要是针对身体发育迟缓的儿童。中国项目针对的是所选中国贫困农村地区的所有儿童，不包括身体状况最不佳的儿童。这两个项目都通过随机对照试验进行评估。我们到目前为止的证据表明，慧育中国项目取得了与牙买加项目相同的试验效果，能够成功地大规模实施。

慧育中国项目改善了家庭环境和儿童的多种技能。我们的研究可以获得对每一个孩子的潜在技能的估计，而目前文献中的方法只能估计潜在技能的分布（参见Cunha and Heckman，2008；Cunha et al.，2010；以及之前相似的研究）。我们的研究表明，本项目对语言和认知技能、精细运动技能和社会情感技能有极大的影响，但是项目的效果对不同的孩子是不同的。我们发现项目对母亲外出打工的孩子产生的正向干预效果最强。慧育中国项目比最初的牙买加项目拥有更丰富的数据，部分原因是同一组学者设计了这两个项目，并将从牙买加项目那里吸取的经验教训纳入了慧育中国的项目设计中。

我们并没有局限于采用常规的做法，（即使用测试题目中正确答案的总分数）来衡量孩子的表现。在我们的分析中，我们考虑了测试项目的难度，这个调整使得对干预效果的估计更合理。同时，我们突破了既有文献中的常规做法，即假设只有单一技能会对某些技能测量指标产生影响（在文献中被称为"专用"情况，例如Cunha et al.，2010）。在本研究中，我们允许孩子的多项潜在技能可以同时对儿童量表的测试项目有影响，而不是大多数应用中假设的只有单一技能对测试项目有影响。

与赫克曼等人（2013）的方法类似，我们将干预效果的估计分解为儿童潜在技能的提高、已有技能运用能力的提高两个部分。③ 我们发现干预效果主要来自儿童潜在技能的提高。

本文结构安排如下：第 2 节对本研究做出介绍。慧育中国项目是基于牙买加项目的大规模试验。第 3 节展示了一系列慧育中国试验干预效果估计，并陈述了对于不同儿童项目干预效果的异质性，以及项目干预对家庭环境的有益影响。此外，我们拓展了 IRT 模型：我们的方法可以同时分析多种技能，而且直接估计出每个人的多项技能。根据我们的方法，可以确定慧育中国项目对孩子正确回答测试项目所需技能的影响。第 4 节研究了预计干预效果的来源。第 5 节比较了慧育中国项目的干预效果与牙买加项目的干预效果。牙买加项目目前追踪到 30 岁，慧育中国的长期效果有望复刻格特勒等人（Gertler et al., 2014）关于牙买加项目对教育和劳动力市场产生的长期干预效果。第 6 节将本研究与不同背景下复刻牙买加项目的各项研究一起讨论。第 7 节将我们的发现进行了总结。

本研究采用了我们在其他研究中通过对项目分析获得的数据（Heckman and Zhou，2022a，2022b，2022c）。上述研究使用了仅针对干预组儿童的每周技能成长的数据，以了解技能形成的动态过程，上述几篇论文使用的数据无法分析项目干预的效果。因而，本文对项目干预效果的分析不同于上述几篇论文，同时与之前其他基于牙买加项目的分析也有很大的不同。

2. 慧育中国

正在实施的慧育中国项目启动于 2015 年，时逢国务院对"从试点

---

③ 这种区分可以追溯到 Welch（1970）。

到政策"循证式分析方法的日益重视与呼吁。此项大规模随机对照试验借鉴了牙买加项目的成功经验,旨在评估低成本入户辅导服务模式对弱势家庭的影响。④ 本研究项目通过进一步扩大儿童与看护者及社区的接触面,来提高儿童的健康水平和认知能力。

甘肃省华池县作为中国最贫困的地区之一,被选为本研究项目的实施地。华池县辖 15 个乡镇,111 个行政村。为便于分析,我们将两个紧邻的村庄合并⑤,因此本研究共分析了 110 个样本村庄,85% 在山区,涉及人口 13.2 万,其中农村户口 11.46 万。⑥

从图 1 可看出,我们的研究项目启动于 2015 年 1 月,入户辅导开

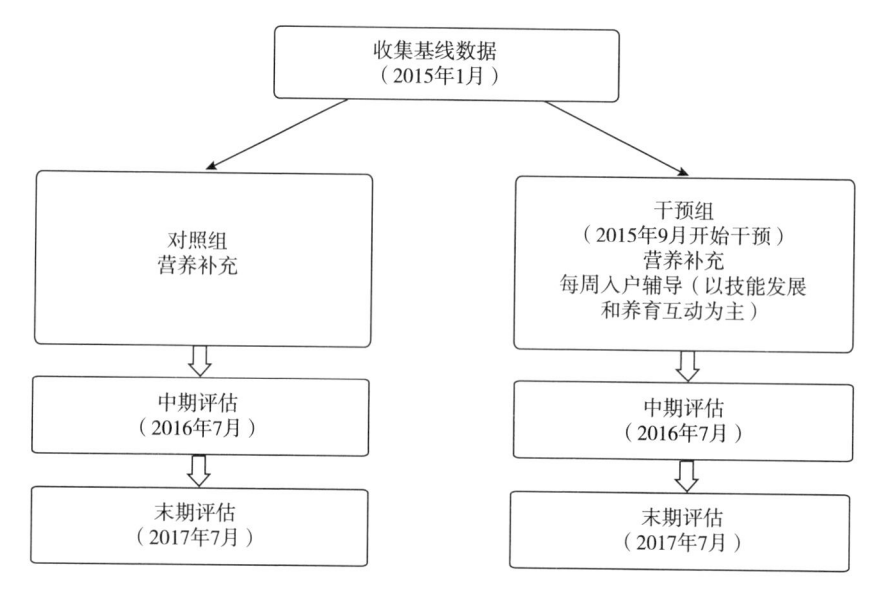

```
                收集基线数据
                (2015年1月)
              ↙              ↘
        对照组                 干预组
        营养补充              (2015年9月开始干预)
                              营养补充
                              每周入户辅导(以技能发展
                              和养育互动为主)
           ↓                     ↓
        中期评估              中期评估
        (2016年7月)         (2016年7月)
           ↓                     ↓
        末期评估              末期评估
        (2017年7月)         (2017年7月)
```

图 1 慧育中国(华池县)项目时间线

---

④ 参见 Grantham-McGregor and Smith(2016),Gertler et al.(2014),Gertler et al.(2022)和 Jervis et al.(2023)。

⑤ 城壕镇和五蛟镇。

⑥ 户口是中国的一种户籍制度,分为农村户口和城镇户口。

始于 2015 年 9 月。我们收集了华池县所有村庄的基线数据，其中包括家庭经济、家庭人口信息和家庭环境测量指标（即婴幼儿家庭环境观察测评量表得分）。采用基线数据，我们设计了随机对照试验（见 2.2 节）。我们收集了中期（干预后约 9 个月）和末期（干预后约 21 个月）的数据。在中期和末期，我们收集了对照组和干预组的信息，包括家庭评分测量和家庭水平的相关经济和人口统计测量。⑦

2.1　干预措施

本研究项目选择了教育水平与接受干预孩子的母亲相当的人员进行培训，由他们提供入户辅导。这种做法在中国农村很容易复刻，因为育婴辅导员的潜在供给很大。本研究项目鼓励看护者选择适合儿童发展的方式，与儿童展开互动。⑧

在这里，慧育中国项目由一名县总督导负责项目的整体协调，同时得到了 24 名乡镇督导员和 91 名育婴辅导员的协助。⑨ 县总督导在全县范围内组织培训，对乡镇督导员进行监督。县总督导和乡镇督导员随机上门抽查，以便观察和了解育婴辅导员的工作情况。督导员的受教育程度比育婴辅导员多三年，而育婴辅导员的平均受教育水平与接受干预孩子的母亲的受教育水平差不多。

督导员为育婴辅导员提供支持，并负责管理工作。他们会敦促育婴辅导员为每周的入户辅导做好准备、回顾过去并规划未来的入户辅导活动，同时每周还要与育婴辅导员召开会议、进行复盘，完善入户辅导项

---

⑦　有关项目实施的详细信息，请见附录 A。
⑧　附录 B 记录了所使用的家访课程方案。
⑨　平均每位育婴辅导员负责 8 户家庭的入户家访。

目和提升辅导体验。乡镇督导员每月与育婴辅导员一起入户一次，观察和记录看护者、儿童和育婴辅导员及其互动结果。

育婴辅导员每周都会入户家访，按照牙买加项目的课程方案，提供一小时的育儿支持或看护指导。⑩ 该干预并不直接针对儿童，而是针对陪伴孩子时间最多的照顾者（主要是母亲）。每次入户时，育婴辅导员都会记录有关家长参与的信息（如入户辅导时谁在照看儿童；如果儿童无法参加辅导，育婴辅导员是否教导父母开展相关任务；辅导后谁陪儿童一起玩耍，陪伴的频率是多少），以及儿童的表现情况（如上周布置的任务和本周新任务的完成情况）。附录 B.3 记录了慧育中国的课程方案、每周入户辅导的内容以及每周使用的评估工具。该课程以早期语言和认知技能发展为核心，有 200 多项早期任务与语言和认知技能相关，另外有大约 70 项的任务针对精细运动技能发展、20 项的任务针对大运动技能发展。丹佛Ⅱ测验在中期和末期进行⑪，干预组和对照组都开展了该测验。

2.2 随机对照试验的设计

随机对照试验是以村为单位设计的。白玥皓（Bai，2022）认为，这种设计最有利于确保平均干预效应估计值的均方误差最小化。这种设

---

⑩ 这些方案以牙买加项目所使用的方案为基础，根据中国文化进行了调整（例如，将原来的歌曲改为中国歌曲，并增加了中国人熟悉的背景图案）。针对 18 个月以下儿童的方案侧重于运动和语言技能训练。对于 18 个月以上的儿童，方案增加了更多认知技能内容（如分类、配对和拼图）。

⑪ 丹佛Ⅱ测验是专为临床医生、教师或监测婴儿和学龄前儿童发育的幼儿教育专业人员设计的。该测试主要基于检查者的实际观察，而非家长的报告。它是一份包含 125 项任务的列表，其中包括四类技能测量：个人－社会（照顾个人需求和与人相处）、精细运动－适应能力（手眼协调、操作小物件和解决问题）、语言（听力、理解和使用语言）和大运动（坐、走、跳和整体大肌肉运动）。

计还保证了回归变量的外质性,并确定了生成的基础模型的参数。

实施过程分三步。我们首先核查了华池县所有符合条件的村庄。接下来,我们通过家庭调查并利用村一级行政数据,使用马氏距离⑫(居民和村庄特征)来评估村庄的相似性。⑬ 对于 110 个村庄的样本,我们在匹配成对的村庄之间形成了 $\frac{1}{2}[110 \times (110-1)]$ 个指标。

第二步,将 110 个村庄生成 55 对,并尽量减少所有匹配对的马氏距离之和。根据村庄的马氏距离得分进行排序,并用非二分匹配(Nonbipartite Matching,以下简称 NBP)方法对最接近的村庄进行配对。⑭ NBP 匹配方法构造成对,使 55 对的马氏距离之和最小化。白玥皓(2022)的研究表明,使用马氏矩阵在产生平均干预效应方面比其他指标具有更好的性能。

第三步,随机选择每对村庄中的一个进入干预组,另一个配对村庄进入对照组。⑮ 附录 A.2 给出了华池县成对村庄的位置。这种设计与村庄的特征非常匹配。⑯ 村级干预效应包括村内溢出效应。这些村庄作为干预组或对照组仅被选用一次。

---

⑫ 马氏距离(Mahalanobis Distance)是由印度统计学家马哈拉诺比斯提出的,表示点与一个分布之间的距离。它是一种有效的计算两个未知样本集的相似度的方法。

⑬ 用于村庄配对的干预前村级协变量包括:(1)家庭环境测量量表(HOME IT)中的"与孩子的亲密程度"得分(见附录 C.1),(2)HOME IT 测量中的语言技能得分,(3)HOME IT 测量中的学习材料得分,(4)该村营养补充项目的参与率,(5)全县营养项目在该村的执行率,(6)儿童样本中留守儿童的比例,(7)该村的人均净收入,(8)该村的平均受教育年限,(9)有意参加看护干预项目的照顾者的百分比,以及(10)有意把孩子带到城市地区的家庭比例。

⑭ Lu et al.(2011)证明 NBP 匹配法是最优匹配,而不是贪婪匹配。

⑮ 总共有 55 对配对,即干预组和对照组都有 55 个村庄。

⑯ 附录 C 介绍基线对比。

3. 估计干预效应

慧育中国干预项目旨在促进多种技能的发展。表1展示了该项目的技能类别及其定义。丹佛Ⅱ测验提供了详细的儿童发展评估方案。[17][18]

表1 慧育中国项目的技能类别及其定义

技能类别	定义
语言	发声、手势、说话连贯
认知	学习技能,包括逻辑思维、解决问题、记忆力和注意力
精细运动	手指动作技巧,如抓、放、捏、画、写
社会情感	以适当的方式表达和控制情绪、进行交流
大运动	广泛的身体肌肉运动,如走、跑、扔、踢

本节报告了对每个技能类别内各细分项未加权得分总和的平均干预效应的常规估计。项目得分是对任务知识的二元指标。我们使用稳健的统计方法来调整缺失的数据,并允许村庄内部的干扰是相关的(Cameron et al.,2008)。

使用正确回答的得分的比例,通过标准化的抽样标准差(即效应量)作为结果是许多评价文献和以前尝试复刻牙买加的评价的标准做法。这种实践的前提是假设每个任务的测试难度级别都相同。在实践

---

[17] 附录D提供了丹佛Ⅱ测验表的中英文版本。
[18] 贝利Ⅲ测验将综合分数转换为基于年龄的比例分数,这在临床实践中更为常用。不过,使用丹佛Ⅱ测验也可以达到同样的目的。贝利Ⅲ测验的对象是1至42个月大的婴幼儿,包括检查者的观察(认知、运动和语言能力)和家长的问卷(社会情感和适应行为能力)。Ryu and Sim(2019)的报告称,丹佛测验在检测语言发育迟缓方面比贝利测验更准确。

中,在丹佛Ⅱ测验中,测试任务难度级别存在很大差异。在第3.3节中,我们使用一个测量模型来解决这个问题[19],该模型考虑了测试问题难度的变化。同时,我们可以估计出每个儿童的相关技能矩阵。

3.1 县一级平均干预效应

我们定义了报告的干预效应。为便于说明,我们使用了一些符号。村庄用 $\{1, \cdots, V\}$ 表示。村庄按照匹配规则 $m(v)$ 进行配对:$v \to v'$,其中村庄 v' 是根据实验前的相关变量矩阵均值计算出的与村庄 v 最接近的村庄。邻近度通过马氏距离来校准:

$$v' = \underset{\{1,\cdots,V\} \setminus \{v'\}}{\mathrm{argmin}} \left(\bar{Z}(v) - \bar{Z}(v')\right)' \sum\nolimits^{-1} \left(\bar{Z}(v) - \bar{Z}(v')\right)$$

其中 $\sum$ 是按全部村庄计算的协方差矩阵 Z。我们采用掷硬币的方式来决定被配对两个村庄 (v, v') 中的哪个村庄接受干预,所有村庄仅选用一次。

生活在村庄 v 中的所有人 i 都被分配相同的干预状态。如果 v 被选择进行干预,则记作 $D_v = 1$。$D_{v(i)}$ 是 i 在 v 中指定的干预状态,$D_{v(i)} \in \{0, 1\}$。每个村庄都有 I_v 个符合资格的居民。

我们首先报告了对标准化评分的平均干预效应,此类评分是根据以下实证模型估算而来的:

$$Y_{iv}^m = \beta_0 + D_{v(i)}\beta_1^m + Z_i'\beta_2^m + \sum_{p=1}^{p} 1\{i \in p\}\beta_p^m + \varepsilon_{iv}^m \tag{1}$$

其中 Y_{iv}^m 是村庄 v 中儿童 i 的结果 m 的标准化得分,$D_{v(i)}$ 是一个虚拟变量,表示儿童 i 所在村庄 v 的干预状态,Z_i 是干预前协变量。$1\{i \in p\}$

---

[19] 关于这一模型的阐述,参见 van der Linden(2016)。

是儿童 i 是否居住在村庄配对 p 中的指标。$Y_{iv}^m = D_{v(i)} Y_{iv}^m (1) + (1 - D_{v(i)}) Y_{iv}^m (0)$，其中 $Y_{iv}^m (d)$ 表示固定干预状态 d 的结果向量。随机试验设计意味着：

$$\left(Y_{iv}^m (0), Y_{iv}^m (1) \right) \perp\!\!\!\perp D_{v(i)} \mid Z_i \qquad (2)$$

儿童 i 的异质随机扰动项 ε_{iv}^m 可任意与同一村庄 v 中的其他任何儿童 $i' \neq i$ 的 $\varepsilon_{i'v}^m$ 关联在一起。假设异质随机扰动项在各个村庄间是相互独立的：在 $\forall i \in v$ 和 $\forall k \in v'$，$v \neq v'$ 时为 $\varepsilon_{iv}^m \perp\!\!\!\perp \varepsilon_{kv'}^m$。附录 E 显示的残差图验证了各村庄残差独立性的假设。$N \times N$ 协方差矩阵 $E(\varepsilon\varepsilon') = \Omega$ 与村庄数 V 呈块对角线关系：$\Omega_{vv'} = 0$；所有 $v \neq v'$。[20]

通过 X_{iv} 定义等式（1）中右侧变量的完整阵列。当使用普通最小二乘法（以下简称 OLS）残差 $\hat{\varepsilon}_v : E(\hat{\varepsilon}_v \hat{\varepsilon}_v')$ 估算 $\hat{\Omega}_v$ 时，标准集群稳健方差估计量（CRVE），即 $(X'X)^{-1} \left(\sum_{v=1}^{V} X_v' \hat{\Omega}_v X_v \right) (X'X)^{-1}$，会出现偏差。这种偏差取决于 Ω_v 的形式。卡梅伦等人（Cameron et al.,2008）讨论了这个问题，并指出原始聚类自助法（Wild Cluster Bootstrap）在进行集群稳健性推断方面表现良好。有关我们使用的原始聚类自助法详细信息请参阅附录 F。[21]

在我们的样本里，接受干预的村庄中 98%以上符合条件的儿童都受到了入户辅导。尽管如此，对照组和干预组仍有约 15%的儿童错过了年度儿童发育评估。为对总体平均干预效应做出一致估算，我们使用

---

[20] X_v 指 X 在第 v 个聚类，以及 $E(\varepsilon_v) = 0$，$E(\varepsilon_v \varepsilon_v') = \Omega_v$。$X$ 包括干预状态、干预前协变量与配对相关变量。

[21] 因为我们有 55 个聚类，所以最近关于原始聚类自助法的担忧并不适用。参见 Canay et al.（2021）。

了逆概率加权法（IPW）（Tsiatis，2006）。[22][23] 在表2中，我们报告了使用IPW的估计值，在附录H中，我们显示了未经调整的结果。在估计我们的潜在因素模型时，我们也对观察结果进行了加权。干预效应适用于村一级，包括任何人口溢出效应。

表2显示了使用标准化结果测量的每个技能类别的总体标准干预效应（效应量）。[24][25] 第（1）（2）和（3）列是基于所有可用数据的估计，第（4）（5）和（6）列仅使用2015年9月项目开始时2岁及以下儿童的样本。接受干预的幼儿至少有一年的干预暴露时间。[26] 无论我们是否使用匹配而不是IPW加权的OLS，我们的估计都是稳健的，参见附录I。

表2的第一行显示，平均而言，干预组儿童更有可能获得较高的语言和认知技能。[27] 在第（1）列中，我们看到在中期处（干预约9个月后），

---

[22] Maasoumi and Wang（2019）使用IPW以剔除低概率观测值，提供稳健性推断。在我们的论文中，只有三个观测值的倾向得分（非遗漏）低于0.1。因此，我们不需要对数据进行剔除，就可以避免不一致问题。

[23] 附录G介绍了数据缺失问题以及我们如何构建缺失数据的概率。为避免冗余，我们在本文的所有估算中都纠正数据缺失的影响。

[24] 只有140名儿童在基线时参加了丹佛测验。我们对获得基线信息的儿童进行了相同的模型估算，结果发现对照组和干预组的丹佛测验得分没有显著差异。有关该均衡测试的详细信息，请参见附录C。

[25] 在中国，丹佛测验没有人口水平的参照。我们将对照组作为参照组：我们按月龄估算丹佛测验成绩，然后使用平均值和方差对干预组和对照组的每个月龄组的测试得分进行标准化。

[26] 对样本进行限制有两个原因。（1）正如我们所声称的，我们希望干预组的儿童能接受大量的干预暴露。许多年龄较大的儿童参与的时间较短。（2）我们发现对照组中年龄较大的儿童多于干预组，这是因为实地小组在2015年9月后没有更新干预组的名单。

[27] 我们将这些类别合并，以获得与其他类别相当的项目得分。

表2 以丹佛标准化评分为结果变量的干预效应

	(1)	(2)	(3)	(4)	(5)	(6)
	所有性别	女性	男性	所有性别	女性	男性
	全部参与的儿童			参与时≤2岁的儿童		
中期						
语言和认知	0.714*** [0.319,1.093]	0.445 [-0.014,0.910]	0.938*** [0.389,1.499]	0.741*** [0.350,1.144]	0.534** [0.080,0.990]	0.911*** [0.329,1.501]
精细运动	0.633* [0.003,1.313]	0.335 [-0.269,1.211]	0.716 [-0.099,1.598]	0.703* [0.057,1.375]	0.544 [-0.082,1.189]	0.771 [-0.070,1.747]
社会情感	0.879*** [0.467,1.289]	1.114*** [0.681,1.550]	0.549** [0.047,1.054]	0.620*** [0.204,1.067]	0.938*** [0.400,1.431]	0.280 [-0.272,0.842]
大运动	-0.015 [-0.567,0.554]	0.058 [-0.532,0.675]	-0.041 [-0.700,0.639]	0.010 [-0.559,0.584]	0.019 [-0.605,0.652]	-0.021 [-0.682,0.659]
末期						
语言和认知	1.036*** [0.644,1.458]	0.950** [0.213,1.675]	0.950*** [0.448,1.497]	1.113*** [0.723,1.510]	0.893** [0.177,1.598]	1.111*** [0.625,1.626]
精细运动	0.676*** [0.180,1.170]	0.866** [0.189,1.574]	0.462 [-0.206,1.144]	0.645** [0.139,1.158]	0.855** [0.117,1.579]	0.388 [-0.355,1.124]
社会情感	-0.222 [-0.636,0.194]	-0.309 [-0.775,0.160]	-0.256 [-0.829,0.326]	-0.115 [-0.491,0.275]	-0.291 [-0.820,0.206]	-0.169 [-0.701,0.400]

大运动	0.173	0.257	-0.048	0.219	0.445	-0.138
	[-0.322, 0.668]	[-0.582, 1.080]	[-0.510, 0.419]	[-0.294, 0.775]	[-0.417, 1.326]	[-0.629, 0.359]
干预前协变量	是	是	是	是	是	是
逆概率加权	是	是	是	是	是	是

注：1. 括号内 95% 置信区间是在村一级使用原始聚类自助法进行的估算。
2. 标准化评分的均值和方差是根据对照组儿童的汇总样本来估算。
3. "全部参与的儿童"的列包含了所有观测值，"参与时≤2岁的儿童"的列将样本限制为参与本研究时年龄在 2 岁及以下的儿童。
4. * $p < 0.05$，** $p < 0.01$，*** $p < 0.001$。
5. 调整项目难度后，对社会情感技能的负面干预效应就会消失。

干预组儿童的语言和认知技能比对照组儿童高出约 0.7 个标准差。在干预末期,对语言和认知技能的干预效应超过了 1 个标准差。干预显著提高了受干预儿童的语言和认知技能。第(2)列将样本限制为参与时小于等于 2 岁的儿童。这样,干预组和对照组的样本年龄更加均衡。在附录图 J.1 中,我们发现干预组和对照组的月龄分布具有可比性。

在干预末期显著提高了中期社会情感技能和精细运动技能,但对大运动技能没有显著改善。这一发现与课程的设计相一致,项目课程主要关注语言和认知技能的发展。[28] 参见附录 B。

表 2 的剩余列显示了按性别划分的干预效应。一个有趣的发现是,干预对男孩语言和认知技能的改善效果远超过女孩,这与文献中反复出现的结果一致(Elango et al., 2016)。在中期处,女孩的干预效应量约为 0.4 个标准差,男孩的干预效应量约为 0.9 个标准差。在干预末期,女孩和男孩的效应大小分别约为 1 和 0.9。与我们直观想法不同的是,社会情感技能在项目结束时评估效应不是正向的,但是在使用了我们提出的新的估计方法(考虑每个测试项目的难度)之后,我们发现慧育中国项目也可以有效地提高儿童社会情感技能。

附录 H 提供了表 2 的一个版本,它报告了替代统计程序的结果:(1)是否使用 IPW,(2)是否调整了预处理变量。定性结果与表 2 中的结果相似,没有任何替代程序会改变我们对表 2 的描述。我们使用匹配而不是 IPW 的 OLS 时,我们的估计是稳健的。参见附录 I。

3.2 对家庭环境的影响

本研究旨在改善接受干预的儿童的家庭生活。根据当地项目督导员

---

[28] 当我们使用原始分数而不是标准化分数时,结果具有可比性。这些结果见附录 E。

的评估,收集了干预组和对照组的家庭环境的数据。表3报告了干预对家庭环境评分的影响,研究显示,干预显著提高了综合家庭得分。㉙

表3 干预对家庭环境得分的影响

	(1) 全部	(2) 参与时≤2岁的儿童
家庭总数	0.868*** [0.309, 1.409]	0.720** [0.159, 1.269]
家庭参与	0.241*** [0.109, 0.367]	0.201*** [0.073, 0.327]
家庭类型	0.114 [-0.025, 0.253]	0.093 [-0.037, 0.224]
家庭响应能力	0.066 [-0.169, 0.300]	0.048 [-0.192, 0.289]
家庭接受能力	0.059 [-0.041, 0.157]	0.044 [-0.064, 0.150]
家庭组织	0.095 [-0.059, 0.242]	0.069 [-0.077, 0.223]
家庭学习材料	0.291* [0.047, 0.533]	0.262* [0.007, 0.512]
干预前协变量	是	是
逆概率加权	是	是

注：1. 括号中的90%置信区间是使用在村庄一级原始聚类自助法构建的。
2. 标签为"全部"的列包括所有观察结果,而"参与时≤2岁的儿童"的列将样本限制在参加项目时2岁及以下的儿童。
3. $^{*}p<0.1$, $^{**}p<0.05$, $^{***}p<0.01$。

㉙ 家庭参与类别是基于婴幼儿家庭清单中的定义,参与包括以下项目:(1)家长保持孩子在可视范围内,经常看着孩子;(2)家长在做家务时与孩子交谈;(3)家长有意识地鼓励孩子向前发展;(4)家长通过个人关注,邀请孩子玩有意义的更加成熟的玩具;(5)家长安排孩子的游戏时间;以及(6)家长提供能挑战孩子发展新技能的玩具。

3.3 考虑测试任务难度因素,调整对儿童潜在技能的估算干预效应

先前分析表明,干预可提高未加权测试项目总分。这种传统的加总分数,只有在不同测试项目的难度相同时才有效,否则这种加总分数就是有问题的。从评估的设计结果来看这是不正确的。

为解决这个问题,我们利用数据的多测试项目的特点,估算了个人层面潜在技能的非线性因子模型。[30] 我们遵循心理测量学的标准方法,引入并估算每个测试项目的难度参数。[31] 区别于传统的方法只能估计出潜在技能的分布,我们的方法可以估计出个人层面的潜在技能。我们使用这些估计值来确定干预对产生项目评分的技能的影响。根据赫克曼等人(2013)的研究,我们还估算了干预在多大程度上能改变技能和项目评分之间的映射关系(即受干预儿童能否更好地利用现有技能)。

3.3.1 测试题目与对应技能

我们研究的结果是儿童在个人任务上的表现,这通过他们在丹佛Ⅱ测验题目上的表现来衡量。每个特定技能 K 都有 N_{J_k} 个任务,这些任务都是针对某一技能(如运动、认知、阅读等)。假设这些任务上的表现由潜在技能 θ 产生。与心理学和经济学的大多数工作不同,我们没有使用"专用因子"模型,该模型假设特定的 θ 可以影响所有的测试题目。我们使用 N_J 来表示所有技能项总数(即 $N_J = \sum_{k=1}^{K} N_{J_k}$)。我们假设所有村庄都采用了一种将技能映射到测验得分的通用技术,因此我们放弃了特定于 v 的表示法。设 $Y_i^{j_k}(d)$ 为二元值结果变量,表示人员

---

[30] 在数据中,我们为每个人准备了超过70个项目,用于衡量丹佛测验的任务完成情况。
[31] 有关 Rasch 模型中项目难度参数的讨论,请参见 von Davier(2016)。

i，$i \in \{1, \cdots, I\}$，对技能类型 k 中任务 j 的掌握情况。对于干预状态 $d \in \{0, 1\}$ 的人来说，其表现是由任务项 j 的潜在结果生成。设 θ_i^d 是具有干预状态 d 的人的潜在技能 K 维向量，X_i 是基线协变量的一个向量。假定各技能组成部分是独立的（$\theta_m \perp\!\!\!\perp \theta_n$）。下述式子描述了多维度技能与所有丹佛Ⅱ测验题目表现的关系：

$$\tilde{Y}_i^{j_k}(d) = X_i'\beta^{j_k,d} + \delta^{j_k} + (\theta_i^d)'\alpha^{j_k,d} + \varepsilon_i^{j_k}, \quad j = 1, \cdots, N_{J_k};$$
$$k = \{1, \cdots, K\}, \quad i \in \{1, \cdots, I\} \tag{3}$$

定义：

$$Y_i^{j_k}(d) = \begin{cases} 1 & \tilde{Y}_i^{j_k}(d) \geq 0 \\ 0 & \tilde{Y}_i^{j_k}(d) < 0 \end{cases} \quad d \in \{0, 1\}$$

其中 $\alpha^{j_k,d}$ 是因子载荷的 K 维向量；δ^{j_k} 是任务项 j_k 的任务难度参数；系数 $\beta^{j_k,d}$ 和 $\alpha^{j_k,d}$ 可取决于干预状态、多维度技能以及测试题目内容。在估算中，我们设 $\beta^{j_k,d} = \beta^{j_k',d}$，$\forall j_k$ 和 j_k'；即系数在技能内的各个项目之间是通用的。

等式（3）通过考虑多维度技能扩展了心理测量学的标准 IRT 模型。[32]

等式（3）通过分析潜在多维度技能的向量 θ 来扩展经典的 IRT，而不是只考虑单一技能标量。在 IRT 中的区分参数[33]，由项目特异性和

---

[32] van der Linden（2016）讨论了单个技能项目反应模型，还讨论了该模型的技能向量版本。向量版本参见 Rabe-Hesketh and Skrondal（2016）。Carneiro et al.（2003）阐明了我们使用的模型，并用 MCMC 对其进行了估计。另见 Cameron and Heckman（1998，2001），Heckman（1981）和 Muthen（1984）。

[33] 在标量 θ 的经典 IRT 理论中，项目 k 的正确答案概率为 $p(\theta) = F\left(\dfrac{\theta - b_k}{\sigma_k}\right)$，其中 $F(\cdot)$ 是单位方差均值为零的潜在变量的 CDF，b_k 是难度参数，σ_k 是鉴别参数。我们的方法对鉴别参数的概念进行了概括，使其能够对每个独立系数的 $\beta^{j_k,d}$ 和 $\alpha^{j_k,d}$ 的每个分量起不同的作用。

干预特异性系数 $\beta^{j_k,d}$ 和 $\alpha^{j_k,d}$ 来扮演。

该模型通过影响任务表现来体现实验干预对技能的改变。干预还可提高执行任务时任何特定技能的效率,即干预可以改变 $\alpha^{j_k,d}$。对于任一来源的干预 $D=d$ 的结果 j_k 来说,$(\theta_i^d)'\alpha^{j_k,d}$ 是一组有效的测度技能组合。

在适当标准化下,我们可以识别个人层面的潜在技能因子 θ_i^d,而不仅仅是传统心理测量模型中潜在技能因子的分布情况(van der Linden,2016)。我们假设 $\varepsilon_i^{j_k}$ 是标准正态分布,独立于其他右侧变量。该数据在项目上具有类似于面板的结构,它可使用带有潜在技能的概率模型进行拟合。我们估算了可观察协变量的参数、潜在因子以及潜在技能因子对结果的影响。从王堡(Wang,2020)的分析可以看出,当观测数(样本参与者 N_I)和项目数(N_J)变大,$N_I \to \infty$ 和 $N_J \to \infty$ 时,模型参数(包括个人能力)的估计量具有一致性且渐近无偏,但 $\frac{N_I}{N_J}$ 会收敛于一个常数。[34] 这些条件适用于我们的样本:我们的样本中每个人都有大量的测试项目(每种技能≥70 个测试项目)和大约 1 500 个儿童。

如果想把 θ^d 从 $\alpha^{j_k,d}$ 中分离出来,就要对因子模型进行标准化处理。由于 $(\theta_i^d)'\alpha^{j_k,d} = [(\theta_i^d)'A][A^{-1}\alpha^{j_k,d}]$,因子和因子载荷本质上具有任意性,除非以某种方式设定占比。如果满足于衡量有效技能 $(\theta_i^d)'\alpha^{j_k,d}$ 的变化,我们就能避免这种标准化。我们报告了这种估计值。这回答了干预是通过哪种渠道如何影响技能的问题。然而,根据赫克曼等人(2013)的研究,将干预的影响从各个来源中分离出来也是很有意义的。

---

[34] 在估算过程中,项目数量是可以根据实际的测试设计而变化的。

我们使用了最初由安德森和鲁宾（Anderson and Rubin，1956）提出的一种广泛使用的归一化方法，并分别识别了这两个向量 θ_i^d 和 $\alpha^{j_k,d}$。[35] 威廉斯（Williams，2020）提出了其他标准化的方案，以及对应方案的影响。这种标准化使我们能够检验干预对禀赋的影响，以及干预对安德森和鲁宾使用技能的效率的影响。我们分别报告了对 θ_i^d 和 $\alpha^{j_k,d}$ 的估计数，也作为有效的技能组合 $(\theta_i^d)'\alpha^{j_k,d}$。

遵循 Rasch 模型和更广义的 IRT 模型的文献（van der Linden，2016）的传统，我们假设 δ^{j_k} 是测量系统所固有的干预不变任务难度参数，并且与干预状态无关。这确保了干预组和对照组之间测量结果的可比性。如果不同的干预组和控制组的难度级别不同，那么就不可能在不同的项目之间进行有意义的比较。

我们的模型中有四种不同潜在技能因子，分别对应于丹佛 II 测验 $k \in \{1, \cdots, 4\}$ 中的社会情感、语言和认知、精细运动和大运动技能。为解释这些因子，我们假设 N_J 任务（$K \leq N_J$）中的第一个 K 任务表现仅取决于一个因子。这就是库尼亚等人（Cunha et al.，2010）所说的"专用因子"模型，仅适用于每次测量的前四个项目。因此，我们不要求每一行都只依赖于一个因子。与"专用因子"模型中要求每个测试题目都只受单一技能影响的要求不同，我们的模型中只要求一部分测试题目只受单一技能影响。我们对因子载荷矩阵的第一行进行了限制，其余因子载荷矩阵不受限制。简单起见，去掉 d 上标，以减少符号上的杂乱，并将重点放在干预组或对照组上。我们将潜在技能的载荷度量写成 $\alpha'_{N_J \times K}$：

---

[35] Anderson and Rubin（1956）的归一化方法的详细内容见附录 K。

$$\alpha'_{N_J \times K} = \begin{bmatrix} 1 & 0 & 0 & 0 \\ \alpha^{2,1} & 0 & 0 & 0 \\ \alpha^{3,1} & 1 & 0 & 0 \\ \cdots & \alpha^{4,2} & 0 & 0 \\ \cdots & \cdots & 0 & 0 \\ \cdots & \cdots & 1 & 0 \\ \cdots & \cdots & \alpha^{7,3} & 0 \\ \cdots & \cdots & \cdots & 1 \\ \cdots & \cdots & \cdots & \alpha^{9,4} \\ \alpha^{N_J,1} & \alpha^{N_J,2} & \alpha^{N_J,3} & \alpha^{N_J,4} \end{bmatrix} \quad (4)$$

我们检验并拒绝了"专用因子"模型,该模型假设对于 $j_k \geqslant 8$,$\alpha^{j_k,l,d} = 0$。表4展示了该测验。"专用因子"模型的假设在我们样本中并不成立。㊱

表4 当 $j_k \geqslant 8$,$\alpha^{j_k,l,d} = 0$ 的假设检验

	对照组		干预组	
	χ^2 (68)	p 值	χ^2 (68)	p 值
社会情感	463.247	0.000	1 434.742	0.000
精细运动	494.200	0.000	1 418.862	0.000
语言和认知	1 186.793	0.000	2 108.501	0.000
大运动	1 570.322	0.000	1 969.099	0.000

在附录L中,我们使用各种似乎可信的标准化工具对相关估算进行了敏感性分析。我们发现文中报告的 $\alpha^{j_k,d}$ 估算在各种标准化下是稳定的。㊲ 我

㊱ 辨别的证明见 Carneiro et al.(2003)或附录K。
㊲ 在附录L中,我们比较了不同归一化条件下技能载荷的分布情况。我们发现,当我们选择难度在中位数范围内的项目时,结果是稳健的。

们利用王堡（2020）和陈明丽等人（Chen et al.，2021）提出的估算程序，估算了具有多个潜在技能因子的面板多元概率比（Probit）回归模型。[38]

3.3.2 估计值

在附录 N 中，表 N.1 给出了 $\beta^{k,d}$ 的估计值。尽管干预组中的男性点估计值的负值明显更大，但干预组和对照组之间没有在统计学上表现出显著差异。图 2 比较了我们模型中所预测组合语言和认知任务项与实际任务项的分布情况。[39] 我们还将数据与其他类型的任务很好地拟合在了一起。[40] 当我们使用一组更丰富的协变量时，我们发现定性上相似的结果。参见附录表 P.1。

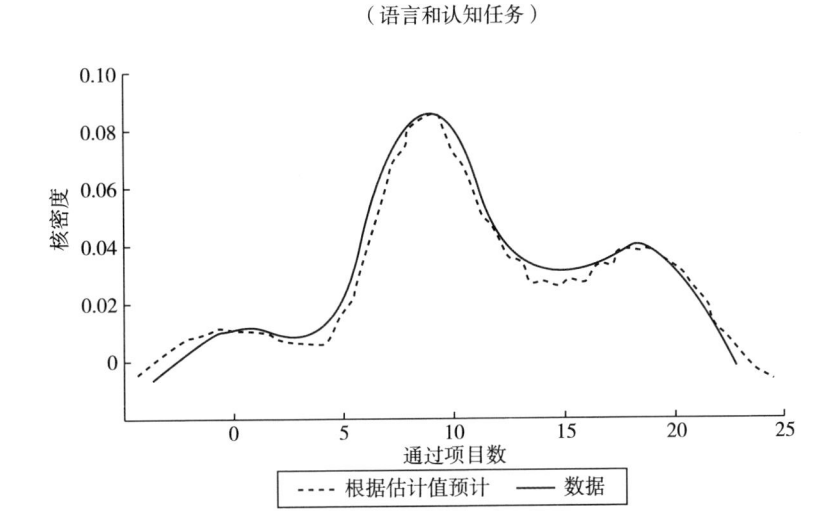

（语言和认知任务）

图 2 丹佛测验通过项目分布

---

[38] 有关该方法的详情见附录 M。采用这种方法估算个体特定因子和总体因子载荷的渐近理论依据来自 Wang（2020）。

[39] 由于丹佛测验中的认知测验项目较少，因此我们将语言和认知任务合并为一类。

[40] 参见附录 O。

图 3 显示了为每个任务项估算的难度级别参数 δ^{jk}。当项目难度增加时，估计值会变成更大的负值。这些估算大体上符合测验的设计结果，即增加后面项目的难度。估算的难度级别参数 δ^{jk} 提供了有关测验设计是否合理的信息。比如，大运动任务项的测验设计就不是特别好：难度级别数值在 -1.8 左右持平，然后在第五项时迅速跳至 -6。这意味着参加测验的儿童可以答对简单的问题，但无法回答所有较难的问题。与大运动任务项相比，语言和认知任务项的设计显得更好，所有项目难度级别都在平稳上升。然而，社会情感任务项的估计值并不符合预期的评估设计结果。

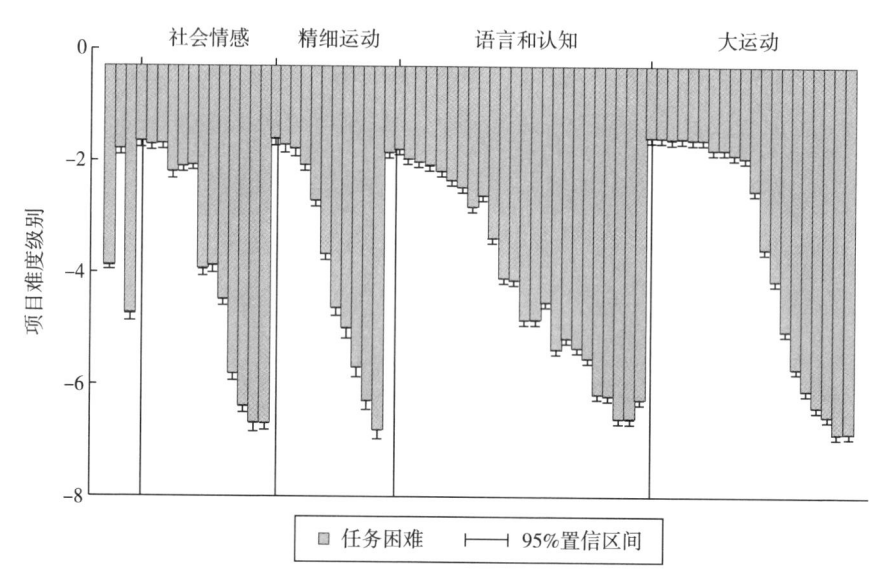

图 3　丹佛任务项难度级别分布

我们方法的一个优点是可以估算个人层面的潜在技能因子。首先，表 5 列出了对四种潜在技能因子均值的干预效应。除大运动技能外，干预组所有其他潜在技能因子的均值均显著高于对照组。在比较不同潜在技能的干预效应时，我们发现精细运动和语言技能获得了相同改善，但

大运动技能没有受到影响。㊶

表5 对潜在技能因子均值的干预效应

	社会情感	精细运动	语言和认知	大运动
干预组	0.395***	0.726***	0.753***	−0.095
	[0.208, 0.583]	[0.551, 0.899]	[0.459, 1.051]	[−0.280, 0.089]

注：1. 括号内95%置信区间是在村一级使用原始聚类自助法进行的估算。
2. $^*p<0.05$，$^{**}p<0.01$，$^{***}p<0.001$。

在确定技能因子和因子载荷时，对合适的归一化方法存在争议。图4显示了有效技能——基于丹佛任务难度的语言和认知技能的估计技能因子载荷与潜在技能因子 $\theta'\alpha$ 的乘积。㊷ 估算这一项不需要进行任何归一化方法。平均而言，无论任务难度如何，干预组在所有任务中的载荷都更大，但简单任务的载荷变化不太明显。附录Q中的图Q.4—Q.6比较了干预组和对照组在其他技能方面的 $\theta'\alpha$ 的分布情况，出现了相同的模式。无论是否进行归一化，干预组的有效技能都有所提高。

当我们使用Anderson-Rubin归一化方法时，我们一般会拒绝干预组和对照组平均因子载荷相同的假设。㊸ 表6报告了不同技能在不同任务上的平均载荷的均等检验。除大运动技能外，我们拒绝接受这一假设。潜在语言和认知技能的载荷较大，但社会情感技能的载荷较小。这表明，平均而言，该项目降低了这些技能的有效性。

㊶ 我们的Anderson-Rubin归一化方法假设潜在技能是独立的。使用其他归一化方法，我们可以确定潜在技能的联合分布，参见Carneiro et al.（2003）或Williams（2020）。

㊷ 图Q.1和Q.2显示了其他类型任务的潜在技能载荷。由于我们一共共有72个任务，难度参数排在前24位的任务被定义为简单任务，后24位的任务被定义为困难任务，中间24位的任务被定义为中等任务。所有排名均基于任务难度参数的估计值。

㊸ 表Q.1和Q.2提供了逐项测试。社会情感项目因子载荷没有精确估算。

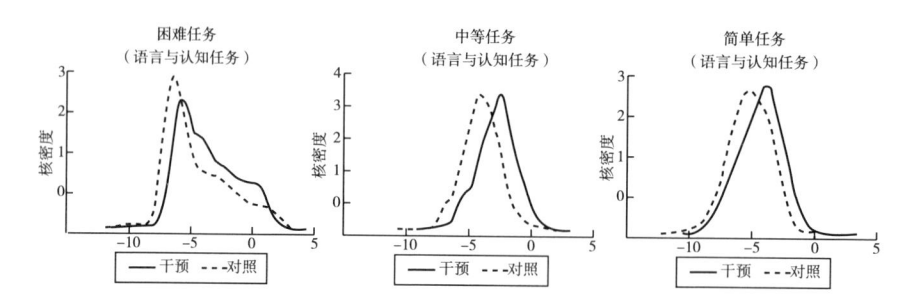

图 4　语言和认知任务的有效技能（$[(\theta_i^d)'\alpha^{j_k,d}]$）的分布

注：简单任务是指按难度估计排序的所有语言和认知任务中最低的 33% 的任务，中等任务是指按难度估计排序的所有语言和认知任务中介于 33% 到 66% 之间的任务，困难任务是指按难度估计排序的所有语言和认知任务中最高的 66% 以上的任务。

我们还检验了向量 $\alpha^{j_k,l,d=1}$ 和 $\alpha^{j_k,l,d=0}$ 的相等性。附录 Q 中，表 Q.1 和表 Q.2 报告了此类检验。虽然我们无法拒绝社会情感载荷相等的联合检验，但我们可以拒绝其他类型的技能载荷的相等。

表 6　丹佛测验任务（$\alpha^{j_k,d}$）潜在技能的估计技能载荷

对照组			干预组			用于均等检验的 p 值
技能载荷	均值	标准差	技能载荷	均值	标准差	
语言和认知	0.453	0.364	语言和认知	0.679	0.469	0.000
社会情感	0.259	0.263	社会情感	0.222	0.246	0.002
精细运动	0.448	0.251	精细运动	0.556	0.211	0.001
大运动	0.739	0.405	大运动	0.693	0.442	0.276

注：1. 这些分别是各项目中的 $\alpha^{j_k,0}$ 和 $\alpha^{j_k,1}$ 均值和标准差。
2. 原假设：干预组和对照组技能前系数值相等。p 值是该原假设发生的概率。

3.3.3　与无任务难度参数的模型相比较

为显示将任务难度参数引入模型的影响，我们根据等式（3）估算了模型的限制版本，将所有任务难度参数设置为零。首先，我们比较了全模型和受限模型之间的似然比率，发现全模型的似然比率更高。似然比率检验统计量为 $\chi^2(71) = 8\,419.26$，基于两个模型的 p 值小于 0.001 推翻了拟合优度相同的原假设。图 5 显示了当难度级别被抑制时，对样本测试得分的拟合程度的恶化。我们比较了在附录 O 中对其他技能的受限制的和不受限制的适合度。

（语言和认知任务）

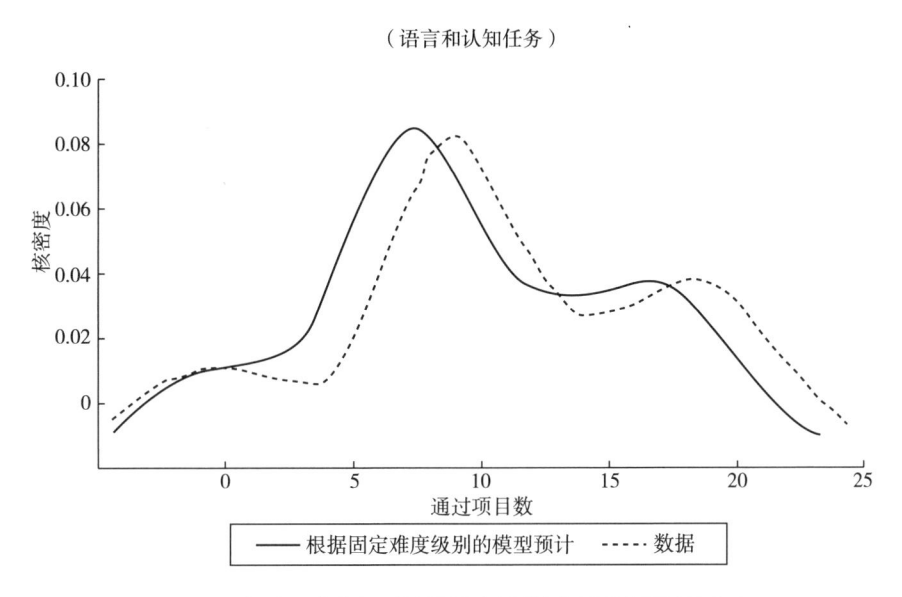

图 5　没有项目难度级别的模型中丹佛测验通过项目的分布

其次，我们在表 7 中比较了对潜在技能因子均值的干预效应 $(E(\theta^1) - E(\theta^0))$。请注意，无任务难度参数模型的估计值与有难度参数模型的估计值有很大差异。无难度参数模型对社会情感技能有着显著的负面影响，而对大运动技能有着显著的正面影响，这与全模型和 OLS 模型干预效应评估不一致。因此，在模型中考虑测试题目难度对实验效果的分析很重要。

表7 根据有无难度参数比较两种模型的干预效应 θ

	社会情感	精细运动	语言和认知	大运动
全模型	0.395***	0.726***	0.753***	−0.095
（调整任务难度）	[0.208, 0.583]	[0.551, 0.899]	[0.459, 1.051]	[−0.280, 0.089]
受限模型	−3.14***	1.136***	1.158***	1.069***
（没有调整任务难度）	[−3.375, −2.904]	[1.205, 1.505]	[0.857, 1.453]	[0.896, 1.237]

注：1. 括号内95%置信区间是在村一级使用原始聚类自助法进行的估算。
2. $^*p<0.05$，$^{**}p<0.01$，$^{***}p<0.001$。

3.3.4 潜在技能分布

我们接下来展示了干预改善除大运动技能之外的所有技能。我们发现在基线中没有干预分布改善的地方最大。我们比较了对照组和干预组的语言和认知技能分布（分布函数见附录R）。图6（a）显示，干预组的语言和认知技能密度向右移动，并且上侧尾部比对照组更宽。干预组的潜在语言和认知技能分布更加右移，且干预组分布的底部和中部与顶部相比差异更大。

图6（b）和6（c）分别显示了社会情感和精细运动技能的密度。在社会情感技能方面，受干预者的技能更多地向右偏移。对于精细运动技能，在不同的技能水平上有更统一的变化。

对于大运动技能，几乎没有证据揭示干预效应。对照组和干预组之间的因子分布非常相似。图6（d）显示，干预组和对照组的大运动技能密度非常接近。

总之，本研究极大提高了语言和认知技能、社会情感技能和精细运动技能。在语言和认知技能方面，各对照组的进步并不一致。在精细运动技能方面，各对照组的进步则基本一致。仅从平均干预效应来看，我们发现干预结束时不仅在语言和认知技能方面有显著改善，精细运动技能和社会情感技能也获得明显提升。通过检测对照组分布的变化，我们

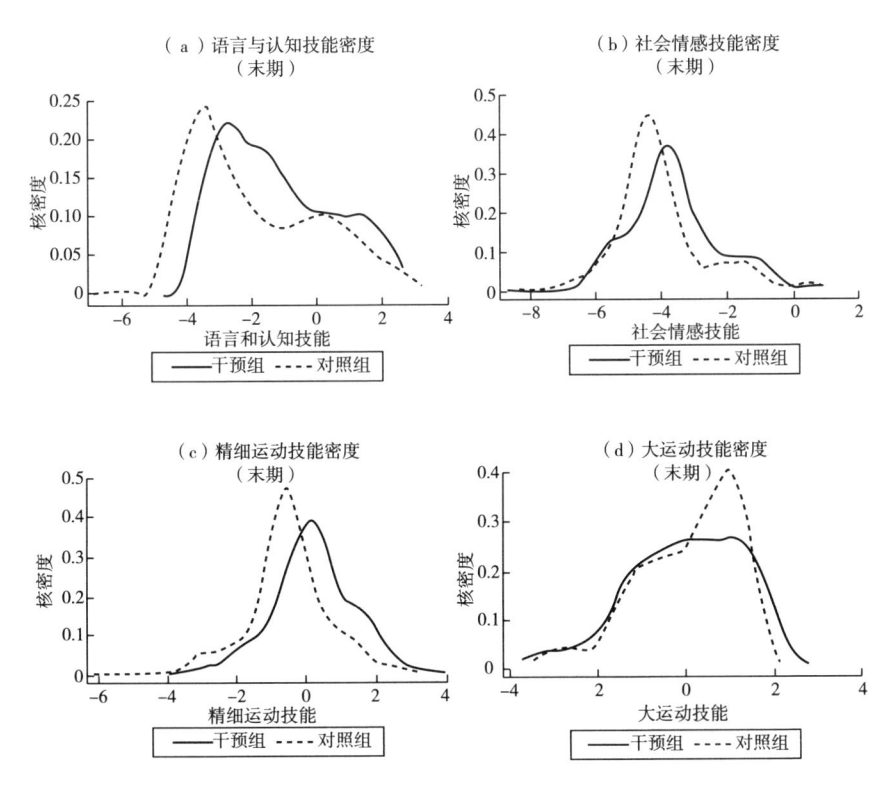

图 6 干预和未干预的技能分配

能更深入了解哪个人的哪项技能获得了提升。

各项技能在项目中期的时候进步的模式是相似的，但是在项目末期，语言与认知技能的进步更明显，见附录 R。附录 S 对估计的分布提供了广泛的随机优势检验，它们产生了相同的定性优势。

4. 分解平均因果效应

我们使用自己对潜在技能的估算来了解项目平均因果效应（ATE）的来源。我们比较了项目平均因果干预效应与模型干预效应。项目产生的平均因果效应可能来自从技能到任务表现的映射的变化，也可能来自技能的变化。我们分析了这些来源的定量重要性之后，我们评估了我们的技能估计在预测项目干预效应方面的表现。

技能 j 的潜在结果是：

$$\tilde{Y}_i^{j_k} = X_i'[\beta^{j_k,1}D_i + \beta^{j_k,0}(1-D_i)] \\ + D_i(\theta_i^1)'\alpha^{j_k,1} + (1-D_i)(\theta_i^0)'\alpha^{j_k,0} + \varepsilon^{j_k}$$

由于我们估计出个体的潜在技能 θ_i^d，我们可以使用它们作为我们对等式（3）的估计来模拟对丹佛测验分数的平均干预效应，以衡量我们的估计质量。因此所获得的平均干预效应的点估计值非常一致（见表8）。

表8 平均干预效应点估计值比较

丹佛测验	OLS 模型 ATE	因子模型 ATE	两个模型估计的相等性的 p 值
语言与认知	1.113 [0.723, 1.510]	1.115 [0.765, 1.454]	0.504
社会情感	−0.115 [−0.491, 0.275]	−0.081 [−0.315, 0.152]	0.556
精细运动	0.645 [0.139, 1.158]	0.569 [0.136, 0.990]	0.413
大运动	0.219 [−0.294, 0.775]	0.190 [−0.071, 0.450]	0.460
$\chi^2(4)=0.116$			0.998

注：1. 括号内95%置信区间是在村一级使用原始聚类自助法进行的估算。
2. 该表中报告的 ATE 估计值以干预前协变量为条件，与表2中的第（5）列一致。
3. 我们利用 Wald 检验来检查这两种方法得出的 ATE 估计值是否相同。χ^2 检验的 p 值表明，我们不能拒绝这两种方法产生相同 ATE 估计值的假设。

4.1 干预效应的来源

项目干预效应不仅可能来自潜在技能 θ_i^d 的增强，也可能来自从技能到任务表现 $\alpha^{j_k,d}$ 和 $\beta^{j_k,d}$ 的映射关系的变化。我们将慧育中国项目的干预效应分解为两个组成部分：（1）使用技能的效率，（2）干预对技能的提高。我们研究了这种变化是否能从数量上解释估计干预效应的重要部分。为此，我们将项目层面的干预效应分解为两个组成部分：技能到任务映射变化的效果和干预对技能的影响。

对于每一项 j_k，实验结果 $Y_i^{j_k}$ 为：

$$Y^{j_k}(d) = 1\left(X_i'\beta^{j_k,d} + \delta^{j_k} + (\theta_i^d)'\alpha^{j_k,d} + \varepsilon_i^{j_k} \geq 0\right) \tag{5}$$

其中我们假设 $\varepsilon_i^{j_k} \sim N(0,1)$。入户辅导干预效应来自三个渠道：可观察系数 $\beta^{j_k,d}$，潜在技能因子（θ_i^d）的变化以及技能因子载荷 $\alpha^{j_k,d}$ 的变化。将 $F^1(\theta^1, X)$ 和 $F^0(\theta^0, X)$ 分别定义为干预组和对照组中 (θ^1, X) 和 (θ^0, X) 的分布。对项目 j_k 的总体干预效应可分解如下：

$\Pr(Y^{j_k,1}=1) - \Pr(Y^{j_k,0}=1)$

$= \underbrace{\int \{\Phi([X'\beta^{j_k,1}+\delta^{j_k}+(\theta^1)'\alpha^{j_k,1}]) - \Phi([X'\beta^{j_k,0}+\delta^{j_k}+(\theta^1)'\alpha^{j_k,1}])\} dF^1(\theta^1, X)}_{\text{来自估计系数 X}}$

$+ \underbrace{\int \{\Phi([X'\beta^{j_k,0}+\delta^{j_k}+(\theta^1)'\alpha^{j_k,1}]) - \Phi([X'\beta^{j_k,0}+\delta^{j_k}+(\theta^1)'\alpha^{j_k,0}])\} dF^1(\theta^1, X)}_{\text{来自潜在技能载荷}}$

$+ \underbrace{\int \{\Phi([X'\beta^{j_k,0}+\delta^{j_k}+(\theta^1)'\alpha^{j_k,0}]) dF^1(\theta^1, X) - \Phi([X'\beta^{j_k,0}+\delta^{j_k}+(\theta^0)'\alpha^{j_k,0}])\} dF^0(\theta^0, X)}_{\text{来自潜在技能因子}}$

(6)

请注意，当对照组和干预组中的因子具有相似的可观察协变量分布时，等式（6）对 X 具有共同的支持，这在我们的样本中基本得到了满足。㊹ 表9给出了干预效应的分解情况。干预效应的主要驱动力是潜在技能的提高。我们在之前表明干预组和对照组之间的 β 值没有明显差异。β 值对干预效应的贡献微不足道。我们按照等式（6）中建议的顺序分解干预效应。尽管表6中记录了 α 在统计上的显著变化，但实验引起 α 变化的贡献尚未得到精确估算。我们由此得出结论：干预的主要作用是对潜在技能产生影响。附录 U 显示，对不同的家庭条件变量组进行不同顺序的分解，会产生类似的定性和定量结果。

表9　干预效应的来源（首先分解可观察协变量）

	总净干预效应	来自可观察协变量	来自技能载荷	来自潜在技能
语言与认知	1.143 (0.185)	-0.058 (0.190) -5%	0.217 (0.192) 19%	0.984 (0.188) 86%
社会情感	0.239 (0.083)	-0.163 (0.086) -68%	0.049 (0.088) 20%	0.354 (0.084) 148%
精细运动	0.317 (0.085)	-0.016 (0.088) -5%	-0.003 (0.090) -1%	0.336 (0.088) 106%
大运动	0.164 (0.100)	-0.054 (0.106) -33%	0.062 (0.109) 38%	0.156 (0.103) 95%

注：1. 对技能 k 的总体干预效应是 $\frac{1}{N_{J_k}}\sum_{j_k=1}^{N_{J_k}}\left(\frac{\sum_{i=1}^{N_I} y_{j_k,i} D_i}{\sum_{i=1}^{N_I} D_i} - \frac{\sum_{i=1}^{N_I} y_{j_k,i}(1-D_i)}{\sum_{i=1}^{N_I}(1-D_i)}\right)$，假设两个分母均非零，$N_I$ 是观测值。
2. 为确保可观察协变量在干预组和对照组之间达到平衡，我们考虑了46个月以下和12个月以上的儿童样本。
3. 标准误差记录在括号内。

㊹ 为了使对照组和干预组的数据样本具有可比性，我们将样本限定为12个月以上、46个月以下的儿童。在附录 T 中，我们展示了干预组和对照组的年龄分布。

4.2 对潜在技能的干预效应取决于看护者状况

在本部分中,我们根据儿童看护者状况比较了干预效应。我们样本中30%~40%是留守儿童,他们存在三种情况:仅父亲外出务工、仅母亲外出务工、父母均外出务工。表10提供了对潜在技能因子θ_i的干预效应,可看出,在末期,干预对弱势儿童(即母亲或父母因外出务工不在身边)的干预效应最强。当母亲不在身边时,大都是受教育程度较低的祖母充当看护者。[45] 这一结果与伯纳尔和基恩(Bernal and Keane,2011)的研究结果相似,即除了祖母提供家庭日托外,外出家庭日托对儿童发展的认知能力更差。

5. 慧育中国干预效应与牙买加"向上学习"项目的比较

从表11可看出,就早期可比较结果测量工具而言,慧育中国与牙买加"向上学习"项目的发展方向一致,而后者已被证明可使人终身受益(Gertler et al.,2014;Grantham-McGregor and Smith,2016)。我们不能推翻这两种干预效应除运动技能外相同的假设。慧育中国项目若能继续推进,应该也能像牙买加项目一样获得成功分析(Zhou et al.,2023)。

6. 本文对"向上学习"文献的贡献

关于在各种欠发达国家应用牙买加"向上学习"项目的文献数量很多,且在不断增加。杰维斯等人(Jervis et al.,2023)对这一文献进行了荟萃分析(Meta Analysis)。荟萃分析研究有很大的局限性。然而,

---

[45] 参见附录B.3。

表 10 对潜在技能 θ_i 的干预效应

标准化	(1) 非留守儿童	(2) 母亲外出务工	(3) 父亲外出务工	(4) 父母外出务工	均等测验（p 值）		
					(1)=(2)	(1)=(3)	(1)=(4)
中期							
语言与认知	0.503*** [0.258, 0.751]	0.730** [0.192, 1.330]	0.308* [−0.042, 0.661]	0.671* [0.049, 1.345]	0.402	0.507	0.718
精细运动	0.463*** [0.133, 0.797]	0.555 [−0.143, 1.246]	0.669*** [0.225, 1.130]	0.612 [−0.143, 1.391]	0.786	0.355	0.673
社会情感	0.453** [0.075, 0.813]	0.825 [−0.174, 1.855]	0.620** [0.103, 1.156]	0.622 [−0.437, 1.596]	0.374	0.252	0.550
大运动	−0.274** [−0.494, −0.050]	−0.024 [−0.581, 0.472]	−0.292 [−0.692, 0.080]	−0.074 [−0.681, 0.462]	0.333	0.921	0.457
末期							
语言与认知	0.539*** [0.125, 0.941]	1.443*** [0.737, 2.255]	0.828*** [0.456, 1.186]	1.279** [0.481, 2.150]	0.848	0.047	0.809
精细运动	0.619*** [0.428, 0.808]	1.122*** [0.721, 1.499]	0.831*** [0.477, 1.166]	1.106*** [0.662, 1.519]	0.026	0.180	0.000
社会情感	0.245* [−0.013, 0.518]	0.311 [−0.283, 1.016]	0.560*** [0.267, 0.867]	0.006 [−0.570, 0.649]	0.035	0.195	0.000

大运动	0.114	−0.514	−0.320*	−0.448	0.056	0.006	0.006
	[−0.105, 0.339]	[−1.207, 0.104]	[−0.649, 0.008]	[−1.187, 0.247]			
干预前协变量	是	是	是	是			
IPW	是	是	是	是			

注：1. 括号内 95% 置信区间是在村一级使用原始聚类自助法进行的估算。
2. 标准化评分的均值和方差是根据对照组儿童的汇总样本估算。
3. *$p<0.05$，**$p<0.01$，***$p<0.001$。
4. 均等检验列展示了用零假设的 p 值来检验干预效应大小是否等于等于非留守儿童的干预效应大小。

35

杰维斯等人的分析比大多数此类研究更有说服力：在不同的研究中，所使用的测量方法具有可比性。附录 V 报告了荟萃分析研究的未调整效应量。我们报告的未经调整的标准化干预效应完全在他们报告的范围内，除了我们发现本研究对家庭环境的影响很小，而其他研究报告了更强的影响。

表 11　慧育中国和牙买加"向上学习"的干预效应

	面板 A：慧育中国（干预 21 个月后）			
	社会情感	精细运动	语言与认知	大运动
干预组	0.40***	0.73***	0.75***	−0.10
	[0.21, 0.58]	[0.55, 0.90]	[0.46, 1.05]	[−0.28, 0.09]
	面板 B：牙买加"向上学习"（干预 24 个月后）			
	表现	精细运动	听力和语言	大运动
干预组	0.63***	0.67***	0.50***	0.34***
	[0.30, 0.95]	[0.34, 1.00]	[0.15, 0.84]	[0.01, 0.67]
p 值	0.35	0.78	0.39	0.15

注：1. 慧育中国项目中，括号内 95% 置信区间是在村一级使用原始聚类自助法进行的估算。

2. 牙买加"向上学习"项目中，括号内为 95% 置信区间。

3. *$p<0.05$，**$p<0.01$，***$p<0.001$。

4. 最后一行的 p 值是对不同项目的干预效应相等的原假设进行显著性检验。

目前还没有像我们这样的研究来估计对潜在技能分布的影响。我们证明了由于允许潜在技能影响测量的测试结果所产生的拟合方面的巨大改进。目前，没有一项研究可以解释项目的困难，我们已经证明这是重要的。这样做逆转了杰维斯等人（2023）报告的未调整结果类型的一些发现。他们的调查中没有一篇论文研究这类项目运作的机制。我们的研究表明，它在很大程度上是通过提高技能运作的，而不是加强对现有技能的使用。

杰维斯等人（2023）报告的结果总体上是积极的，结合本文中的证据，这强烈支持慧育中国对其参与者的有益影响，至少在短期内是如此。本文指出了比在以往的研究中使用更好的方法来分析和解释现有的数据。

7. 总结

本文开发并应用了 IRT 模型的扩展，以分析一个大规模的儿童早期家访干预计划（即慧育中国）对儿童技能发展的影响。本研究借鉴了最初在牙买加开展、广受效仿且成功实施的"向上学习"项目对儿童技能产生的影响。因为中国在制定政策时是基于实际数据情况的，因此该项目的严密证据将对国家政策讨论产生重大影响。

我们的分析提供了一个测量潜在技能的原型，使用不同的结果测量，调整不同项目（任务）的固有难度。我们的调整产生了更为合理的估计。我们估计了儿童潜在技能的向量以及它们如何受到程序的影响。我们开发了一套框架来理解会对儿童技能发展产生干预效应的机制。我们检验并拒绝了在技能形成经济学中广泛使用的"专用因子"模型［例如 Agostinelli and Matthew（2023）］。测量项目评分取决于多种技能。

我们的干预措施提高了儿童的家庭生活质量。它显著提高了儿童的语言和认知、精细运动和社会情感技能，对母亲不在身边的留守儿童的影响最大。项目的影响在基本技能水平上并不一致，而且对最弱势的儿童的影响最大。潜在技能的提高是估计干预效应的主要组成部分。

参考文献

1. Agostinelli, F. and W. Matthew (Forthcoming). Estimating the Technology of Children's Skill Formation [J]. Journal of Political Economy.

2. Anderson, T. W. and H. Rubin (1956). Statistical Inference in Factor Analysis [M] //In J. Neyman (Ed.), Proceedings of the Third Berkeley Symposium on Mathematical Statistics and Probability, Volume 5, pp. 111 – 150. Berkeley, CA: University of California Press.

3. Bai, Y. (2022). Optimality of Matched-pair Designs in Randomized Controlled Trials [J]. Conditionally Accepted by the American Economic Review, 112 (12): 3911 – 3940.

4. Bai, Y., J. P. Romano, and A. M. Shaikh (2022). Inference in Experiments with Matched Pairs [J]. Journal of the American Statistical Association, 117: 1726 – 1737.

5. Bernal, R. and M. P. Keane (2011). Child Care Choices and Children's Cognitive Achievement: The Case of Single Mothers [J]. Journal of Labor Economics, 29 (3): 459 – 512.

6. Cameron, A. C., J. B. Gelbach, and D. L. Miller (2008). Bootstrap-based Improvements for Inference with Clustered Errors [J]. The Review of Economics and Statistics, 90 (3): 414 – 427.

7. Cameron, S. V. and J. J. Heckman (1998). Life Cycle Schooling and Dynamic Selection Bias: Models and Evidence for Five Cohorts of American Males [J]. Journal of Political Economy, 106 (2): 262 – 333.

8. Cameron, S. V. and J. J. Heckman (2001). The Dynamics of Educational Attainment for Black, Hispanic, and White Males [J]. Journal of Political Economy, 109 (3): 455 – 499.

9. Canay, I. A., A. Santos, and A. M. Shaikh (2021). The Wild Bootstrap with a "Small" Number of "Large" Clusters [J]. Review of Economics and Statistics, 103 (2): 1 – 45.

10. Carneiro, P., K. Hansen, and J. J. Heckman (2003). Estimating Distributions of Treatment Effects with an Application to the Returns to Schooling and Measurement of the Effects of Uncertainty on College Choice [J]. International Economic Review, 44 (2): 361 – 422.

11. Chen, M., I. Fernández-Val, and M. Weidner (2021). Nonlinear Factor Models for Networkand Panel Data [J]. Journal of Econometrics, 220 (2): 296 – 324.

12. Cunha, F. and J. J. Heckman (2008). Formulating, Identifying and Estimating the Technology of Cognitive and Noncognitive Skill Formation [J]. Journal of Human Resources, 43 (4): 738 – 782.

13. Cunha, F., J. J. Heckman, and S. M. Schennach (2010). Estimating the Technology of Cognitive and Noncognitive Skill Formation [J]. Econometrica, 78 (3): 883 – 931.

14. Elango, S., J. L. García, J. J. Heckman, and A. Hojman (2016). Early Childhood Education [M] // In R. A. Moffitt (Ed.), Economics of Means-Tested Transfer Programs in the United States, Volume 2, Chapter 4, pp. 235 – 297. Chicago: University of Chicago Press.

15. Gertler, P., J. J. Heckman, R. Pinto (2022). Effect of the Jamaica Early Childhood Stimulation Intervention on Labor Market Outcomes at Age 31 [R]. NBER Working Paper, 29292.

16. Gertler, P., J. J. Heckman, R. Pinto (2014). Labor Market Returns to an Early Childhood Stimulation Intervention in Jamaica [J]. Science, 344 (6187): 998–1001.

17. Grantham-McGregor, S. and J. A. Smith (2016). Extending the Jamaican Early Child-hood Development Intervention [J]. Journal of Applied Research on Children: Informing Policy for Children at Risk, 7 (2).

18. Heckman, J. and J. Zhou (2022a). Interactions as Investments: The Microdynamics and Measurement of Early Childhood Learning [J]. Under Revision, Journal of Political Economy.

19. Heckman, J. and J. Zhou (2022b). Measuring Knowledge [R]. NBER Working Paper, 29990.

20. Heckman, J. and J. Zhou (2022c). Nonparametric Tests of Dynamic Complementarity. Unpublished Manuscript, University of Chicago.

21. Heckman, J. J. (1981). Statistical Models for Discrete Panel Data [M] //In C. Manski and D. McFadden (Eds.), Structural Analysis of Discrete Data with Econometric Applications, pp. 114–178. Cambridge, MA: MIT Press.

22. Heckman, J. J., R. Pinto, and P. A. Savelyev (2013). Understanding the Mechanisms through Which an Influential Early Childhood Program Boosted Adult Outcomes [J]. American Economic Review, 103 (6): 2052–2086.

23. HomVEE (2020). Early Childhood Home Visiting Models: Reviewing Evidence of Effectiveness, 2011–2020 [R]. OPRE Report, 2020–126.

24. Howard, K. S. and J. Brooks-Gunn (2009). The Role of Home-visiting Programs in Preventing Child Abuse and Neglect [J]. The Future of Children 19 (2), 119–146.

25. Jervis, P., J. Coore-Hall, H. O. Pitchik, C. D. Arnold, S. Grantham-McGregor, M. Rubio-Codina, H. Baker-Henningham, L. C. Fernald, J. Hamadani, J. A. Smith, and Others (2023). The ReachUp Parenting Program, Child Development, and Maternal Depression: A Meta-analysis [J]. Pediatrics 151 (Supplement 2).

26. Lu, B., R. Greevy, X. Xu, and C. Beck (2011). Optimal Nonbipartite Matching and Its Statistical Applications [J]. The American Statistician, 65 (1): 21–30.

27. Maasoumi, E. and L. Wang (2019). The Gender Gap between Earnings Distributions [J]. Journal of Political Economy, 127 (5): 2438–2504.

28. Muthen, B. (1984). A General Structural Equation Model with Dichotomous, Ordered Categoricaland Continuous Latent Variable Indicators [J]. Psychometrika, 49: 115–132.

29. Rabe-Hesketh, S. and A. Skrondal (2016). Generalized Linear Latent and Mixed Modeling [M] //InW. J. van der Linden and R. Hambleton (Eds.), Handbook of Item Response Theory:

Models, Statistical Tools, and Applications, Volume 1, Chapter 30, pp. 531 – 554. Boca Raton, FL: Chapman and Hall/ CRC.

30. Ryu, S. H. and Y. J. Sim (2019). The Validity and Reliability of DDST II and Bayley III in Children with Language Development Delay [J]. Neurology Asia, 24 (4): 355 – 361.

31. Tsiatis, A. (2006). Semiparametric Theory and Missing Data [M]. New York: Springer.

32. van der Linden and W. J. (2016). Handbook of Item Response Theory: Volume 1: Models [M]. Boca Raton: CRCPress.

33. von Davier, M. (2016). Rasch model IRT [M] //In W. J. van der Linden (Eds.), Handbook of Item Response Theory, Volume 1, pp. 31 – 48. Boca Raton, FL: Chapman and Hall/CRC.

34. Wang, F. (2020). Maximum Likelihood Estimation and Inference for High Dimensional Generalized Factor Models with Application to Factor-augmented Regressions [J]. Journal of Econometrics, 229 (1): 180 – 200.

35. Welch, F. (1970). Education in Production [J]. Journal of Political Economy, 78 (1): 35 – 59.

36. Williams, B. (2020). Identification of the Linear Factor Model [J]. Econometric Reviews, 39 (1): 92 – 109.

37. Zhou, J., J. J. Heckman, B. Liu, M. Lu, S. M. Chang, and S. Grantham-McGregor (2023). Comparing China REACH and the Jamaica Home Visiting Program [J]. Pediatrics 151 (Supplement 2).

消除儿童贫困问题的建议

基于多维贫困的角度

李实

我国在 2020 年消除了绝对贫困,但我们还面临相对贫困问题。儿童的贫困问题也是出现在消除绝对贫困后,同时需要解决的相对贫困问题之一。

有关数据显示,从 21 世纪开始,我国在消除绝对贫困方面取得了不菲成绩,我们也利用自身的调查数据对全国城镇和农村的绝对贫困人口以及成人和儿童绝对贫困发生率进行估算,我们的估算表明,到 2018 年基本消除了绝对贫困问题,2020 年完全消除绝对贫困。在这样的背景下,我们测量成人和儿童的相对贫困状态,发现相对贫困率的下降幅度并不明显。相对贫困很大程度上与收入差距有关,如果不能解决

---

* 李实,浙江大学文科资深教授、浙江大学共享与发展研究院院长。

收入差距问题，相对贫困的问题很难彻底解决。儿童的相对贫困发生率要远远高于成人的相对贫困发生率。从这个意义上说，儿童的贫困问题是社会上最值得关注的问题。

儿童贫困问题不只限于收入贫困，儿童的需求是多方面的，如消费需求、营养需求、教育需求、健康需求等。解决儿童贫困不仅是解决经济贫困，更要从多维的角度看待这一问题，采取多维贫困的分析框架研究儿童贫困问题。利用绝对多维贫困的标准测量儿童贫困，结果显示儿童贫困数据不断下降；但如果采取相对贫困标准测量，则显示儿童相对多维贫困没有得到根本性解决。于是，从多维的角度解决儿童的相对贫困问题将成为下一个发展阶段的重要任务。

儿童的多维贫困问题对应联合国可持续发展目标中多维目标的实现问题，联合国可持续发展目标的第一个目标即消除绝对贫困已经被解决。但为了实现其他目标，仍有许多工作要做。儿童的相对多维贫困问题与联合国可持续发展目标完全一致，如果我们要解决儿童贫困，就应该解决儿童的多维贫困问题。

过去，我们提出采用一定收入水平衡量的绝对贫困标准，但在实际执行过程中，采用的是"两不愁三保障"标准，这在一定程度上可视作多维标准。从这个意义上说，整个社会已经适应了多维贫困的概念。

从多维贫困的角度看待儿童贫困问题，有很多现象值得进一步关注。

第一，儿童的贫困问题高于成年人，儿童的贫困程度比成年人的更加严重。我们应该对解决儿童贫困有更多关注、更多投入，这样才能使儿童贫困问题得到彻底解决。

第二，儿童的贫困问题地域特征较强，城乡差别明显。用多维贫困的标准测量，农村的贫困发生率远远高于城市，所以应更多关注农村的多维贫困问题。

第三，不同年龄组的贫困发生率不同，贫困的特点也有所不同。

第四，解决经济贫困只解决了部分多维贫困，还有很多贫困无法得到解决。应该使用多维贫困的分析框架看待儿童贫困问题。在不同的发展阶段，儿童贫困具有不同特点：在收入比较低的阶段，儿童贫困更多表现在营养方面；随着收入提高，儿童贫困更多表现在教育、健康、医疗方面。我们应根据不同时期的特点来看待儿童贫困问题。这样才可以采取比较有针对性的政策措施加以解决。另外，儿童贫困不仅是一个家庭问题，还是一个社会问题。研究发现，如果以儿童为单位测量多维贫困，有一些贫困家庭中也有不贫困的儿童。同样，不贫困的家庭中也有贫困的儿童。所以儿童贫困和家庭有很大关系，但不是必然的关系。

第五，应该更关注贫困家庭中的贫困儿童，也就是处在贫困中的贫困儿童。家庭内部由于传统文化，比如对女孩的不重视，会造成同一个家庭中多子女之间的儿童贫困有所差别。如果一个家庭中是两个男孩，两个孩子之间的贫困程度可能没有差别；但如果是一个男孩一个女孩，就容易产生差别；如果是两个女孩也可能产生一定差别，这可能是由家庭内部在资源配置、收入分配上的不平等造成的。

关注儿童贫困，一方面要考虑到问题的多维性，另一方面应根据经济的发展阶段，采取相对标准。2021年以后，我们应采取相对贫困标准来测量整个社会的贫困状态，包括儿童的贫困状态。另外，应针对儿童发展本身的特点，制定多维贫困标准以准确识别贫困人群，并采取更加有效的政策措施从根本上解决儿童的贫困问题。

"育苗"经济学
关于儿童早期发展的事实与建议

蔡昉

改革开放40多年来,中国经济高速增长。其中改革开放前30年发展速度更快一些,尤其是1990—2010年这20年是发展最快的时期。在经济发展最快的时期,国内生产总值(简称GDP)年均增长率达到9%甚至更高,相当大的程度上是得益于人口红利。这一时期的人口红利以劳动年龄人口的数量增长和比重提高为主要特点。伴随人口转变,特别是人口结构的变化,劳动年龄人口的比重趋于下降。那么,未来的经济增长源泉是什么?我们仍然可以说是人口红利,但将是一种新的人口红利,可以称之为人力资本培养带来的人口质量红利或人才红利。

---

* 蔡昉,中国社会科学院国家高端智库首席专家、学部委员。

提升人口质量红利或人才红利主要有三条路径,这是在推动经济发展中政府应该关注的。一是提高人均受教育年限。如果学龄阶段向前延长至学前教育阶段,人均受教育年限就相应得到提升。二是提高教学质量,包括提高人口或下一代劳动者与人工智能竞争的能力,最好的培育年龄是儿童发展早期。三是提高资源的配置效率。促进公平有利于提高效率,提高教育资源的生产率,因此促进公平是当务之急。在教育方面,公平和效率之间不需要权衡取舍,因为它们的方向是一致的。

1. 挖掘人力资本源泉要从娃娃抓起

根据第七次全国人口普查的数据,农村常住人口和城镇常住人口的受教育程度存在较大差异。由于这是按照常住人口口径进行的教育水平比较,夸大了城乡人口的实际教育差距。因为农村受教育程度高的人口大都离乡进城了,成为城镇常住人口,所以按照常住人口统计,城乡间的教育差距就更大。可见,这里涉及多重外部性。第一,教育本身具有外部性,即社会效益。第二,儿童的早期发展更具有显著的社会效益和更高的投资回报率。第三,随着劳动力流动,农村的人力资本会外溢到城镇。因为未来的常住人口城镇化率会从现在的66.16%进一步提高,在这个过程中农村的人力资本是向城市外溢的,成为支撑中国经济增长的重要力量。第四,社会流动主要表现为代际流动。因此,通过干预提高今天的教育公平程度,必然正面影响社会流动。相应产生跨代效应。总之,培育人力资本具有多重外部性,这一点值得研究者和决策者特别关注。

挖掘人力资本的源泉应该从娃娃抓起。哈佛大学儿童发展中心的研究表明,在人生的最初几年,大脑每秒钟能建立超过100万个神经元连接,这在此后任何生命阶段都无法再现。个体的非认知技能主要形成于

3~4岁（即人生的最初1 000天）。在生命较早阶段，人力资本培养更集中于非认知技能。赫克曼曲线显示，在越早的年龄阶段进行人力资本投资，回报率越高，总回报率也最高，并且其中更多由社会回报率构成。哪些事业的社会回报率更高，就意味着这些事业应该由政府来埋单，应该以公共财政支出对其进行倾斜投资。对儿童早期发展投资的社会回报率最高，政府应承担儿童早期发展的支出责任、主导各种发展项目。目前，中国发展研究基金会开展的项目，无论是"慧育中国"，还是"阳光起点"，其实都是遵循这个规律的实践，只是它要面对的是中国的特殊问题。

2. 有利于公共品供给扩大的"三期叠加"

改善人力资本为什么要致力于从娃娃抓起？很多儿童发展项目现在主要由民间发动，随着社会认知度的提高，各界都来支持这些项目，包括地方政府，项目试验成功以后通常能够上升为国家政策。它带来的效益就更为广泛，它的收益是面向全国范围和全体国民的，不只是前述的多重外部性。而现在就是我们做好这件事的最佳时机，因为我们正处在一个机会窗口期，即公共品供给扩大的"三期叠加"。

第一个机会窗口期被称为"瓦格纳加速期"。经济学家瓦格纳总结道，随着人均收入水平的提高，政府支出占GDP的比重，特别是政府的社会性支出占GDP的比重是逐渐提高的，人们把它称为"瓦格纳定律"。如图1所示，把跨国和时间序列数据结合起来可以看到，瓦格纳定律在当今世界仍然是成立的；还可以看到，该趋势作用最显著的时间段是人均GDP为10 000~23 000美元的区间。这个收入区间，恰好对应着从现在到2035年中国的发展阶段。因此，瓦格纳定律的中国版被叫作瓦格纳加速期，就是我们基本实现现代化之前经历的阶段。与国际一般水平相比，中国的政府支出占GDP比重仍然偏低，尤其是中国的政府支出更多地花在投资而不是社会福利上，那就意味着正好可以利用这个时期实现赶超。

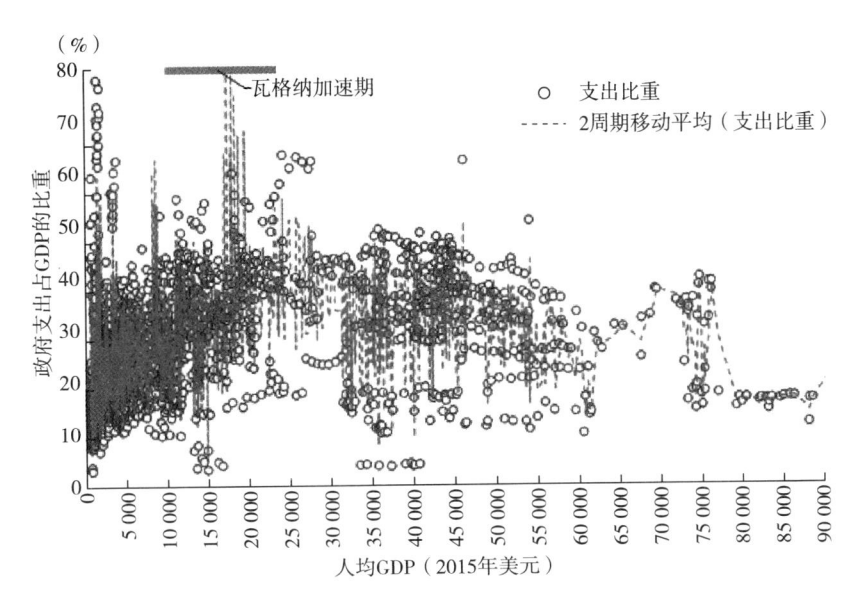

图1 瓦格纳定律和瓦格纳加速期

"三期叠加"的第二个机会窗口期，是0~6岁儿童人口占比的加快减少期（每年大概减少3%），在这个阶段国家的抚养压力相对降低，进入负担相对减轻期。这同时也是资源相对丰富期。从现在到2035年这个阶段，公共教育支出大概每年以4.7%的速度增长，构成第三个机会窗口期（见图2）。那么，这个数字是如何计算的呢？经济学家都在预测未来中国经济增长能有多快，都认为最好的办法是估算中国经济的潜在增长率。我们的估算表明，到2035年中国能够实现人均GDP超过23 000美元，如期成为中等发达国家，与之对应的人均GDP增长速度为4.7%左右。同时，为了优先发展教育事业，我国作出了"一个一般不低于，两个只增不减"的战略部署。具体而言，就是保证国家财政性教育经费支出占GDP的比例一般不低于4%。既然这个比例是相对固定的，只要未来中国经济继续增长，公共教育投资就能保持同步增长。

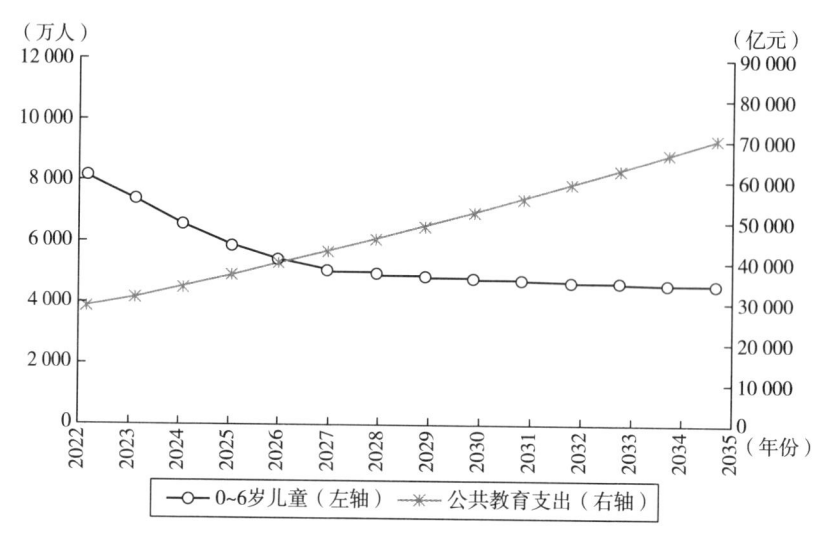

图2　儿童人口规模减小下的公共教育投资增长

在儿童人口规模减小的同时，在学人群总体上也在减少，教育领域的人员和资产存量均表现出富余的趋势，这是少子化和城镇化的必然结果。这些年出现一个典型现象，即学校数量在不断减少，幼儿园数量也在减少，而且主要由农村地区学校和幼儿园的减少所致。在全国学前三年毛入园率达到89.7%的条件下，在园幼儿的数量到达了转折点，农村地区的峰值出现在2020年，县镇和城市的峰值出现在2022年。在幼儿园数量减少的同时，每个职工和专任教师对应的儿童数量也减少了，说明学校的教学条件仍在改善（见图3）。儿童人口规模减小的趋势固然是符合人口变动规律的，是自然而然发生的。但是，要让这种现象符合经济发展规律的要求，就需要从现在做起，从娃娃抓起，使他们的发展更加符合规律。这要求尽早开始从制度上延长义务教育阶段，以达到提高受教育年限的目标，培育人力资本红利。

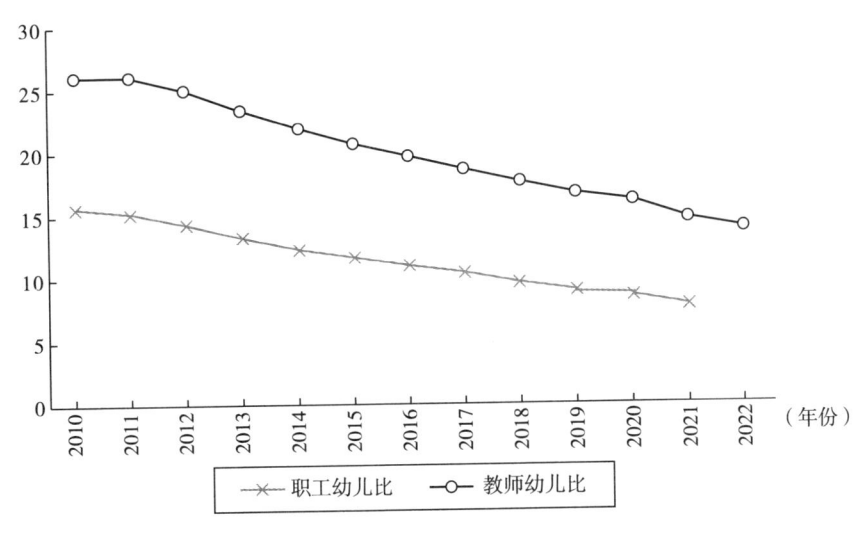

图3 中国职工幼儿比和教师幼儿比变动趋势

3. 户籍制度改革的新"一石三鸟"效应

户籍制度改革对于从供给侧和需求侧保持中国经济的合理增长速度，可以从三个方面产生显著效应。一是通过使城镇常住农民工落户，稳定并增加劳动力供给。二是通过消除劳动力流动的制度性障碍，保证资源重新配置持续进行，提高全要素生产率和劳动生产率。这两个方面都有提高 GDP 潜在增长率的效果。三是提高新市民的收入和基本公共服务获得水平，使消费能力和意愿得到显著提高，从需求侧支撑经济增长。对此，我称之为户籍制度改革的"一石三鸟"效应。对于从娃娃抓起的人力资本培养，户籍制度改革具有新的"一石三鸟"效应。

一是消除留守儿童、流动儿童现象的制度根源。国家颁布了一系列促进儿童发展的政策，但正是由于户籍制度导致流动儿童没有城镇户口，以及留守儿童不能跟父母生活在一起，很多政策都不能触达这些儿童,所以需要从流动和留守的制度原因去解决问题,而户籍制度改革正是抓住不利于儿童发展和教育资源均等配置的根源,让阳光能够普照到每一个孩子的身上。第七次全国人口普查的数据显示,全国流动儿童7 109万(其中808万为婴幼儿),农村留守儿童4 177万(其中713万为婴幼儿)。一旦这些儿童随父母落户,可获得更好的养育照护和教育。

二是帮助父母更好地承担养育照护的责任。赫克曼最近这些年根据丹麦的数据发现了一个新的情况。在20世纪90年代,学术界开始认识到贫困孩子的教育需要政府来额外投资,于是他曾向时任美国财政部部长助理的萨默斯呼吁财政拨款,强调政府向3~4岁的贫困儿童投资,所花出去的每一分钱都会毫厘不差甚至加倍获得收益。后来,赫克曼发现仅仅花钱还不够,有社会福利惠及儿童也不够,父母必须承担起养育责任,陪伴孩子成长。中国的流动人口在这些方面仍然存在制度缺口。

我们可以借助图4来举例说明这一点在中国的独特表现。图4左边这些年龄组人群代表的是留守儿童和流动儿童的父母,右边年龄组人群是留守儿童和流动儿童的祖父母和外祖父母辈,两代人的平均受教育程度有极大差异。人均受教育年限是人力资本的综合表达,背后还隐藏着健康、生活习惯、行为举止、认知能力、非认知能力等方面的差别。这也就意味着,祖父母和外祖父母辈教育和抚养孙辈,终究不如父母直接养育子女的效果好。因此,如果缺少核心家庭的抚养,缺少父母的人身和精神陪伴,就不能为孩子创造完整的养育环境,最终会阻碍社会流动。因此,户籍制度改革也是消除这一问题的重要制度改革。

三是可以破解城镇化过程中学校的撤并悖论。当前我们看到大规模的学校撤并,通过分析现有年份的数据可以推算出,减少的小学数量主

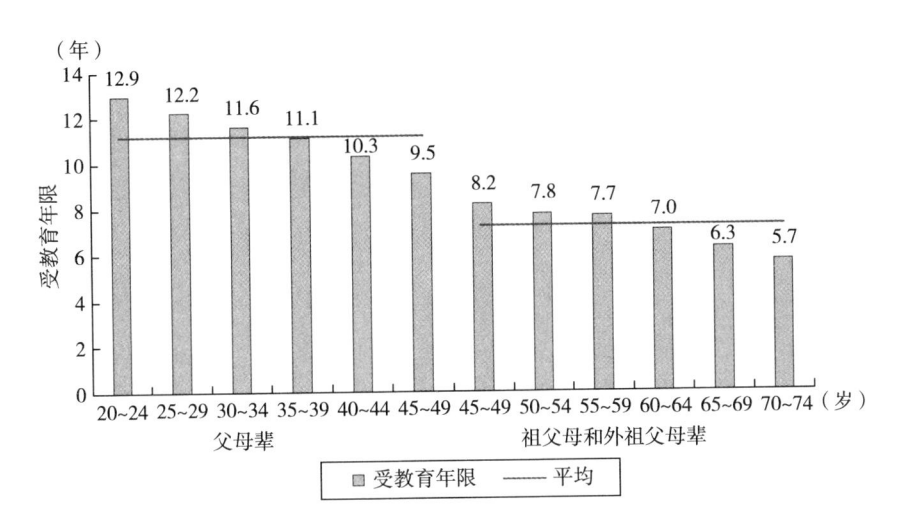

图4 留守儿童和流动儿童的父母和祖父母教育状况

要还是发生在农村，但是，城镇地区很快也将见到越来越多的小学数量减少（见图5）。减少的意思是什么？其实就是没那么多孩子了，也不需要那么多学校了，这也算符合逻辑。这其中有城镇化的原因，即包括

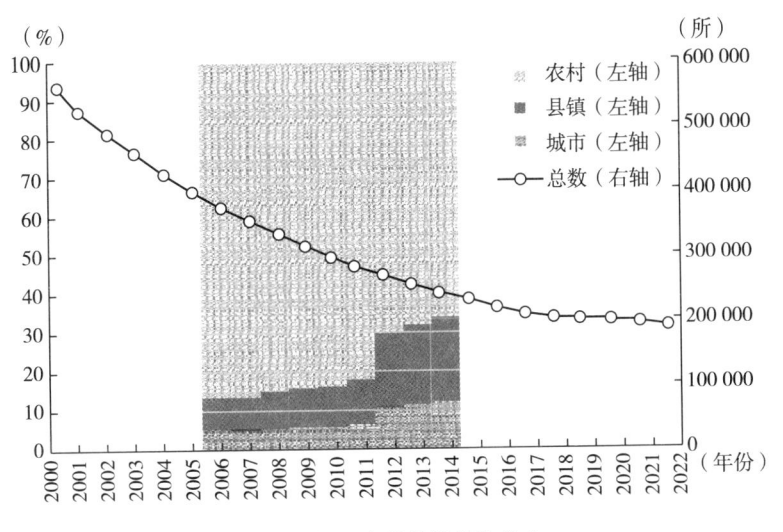

图5 中国小学的数量和分布

儿童在内的农村人口减少，也有少子化的原因。与小学数量减少类似的是幼儿园数量的减少。很多城市的幼儿园、小学都出现过剩，或者出现数量上的明显减少，与此同时我们却没有利用这个机会把农民工的子女充分地纳入公立小学和公立幼儿园，这就是悖论所在。只有靠户籍制度改革，让农民工和他们的孩子稳定落户，才能根本性地消除目前这种拥有教育资源却没有覆盖到所有儿童的现象。

社会试验

Social Experiments

脱贫地区的儿童早期发展

中国发展研究基金会　中国儿童中心

儿童时期是人生发展的重要时期。儿童早期发展是指0~6岁儿童在其生命早期的发展,包括0~3岁早期养育和3~6岁学前教育两个阶段。儿童早期是大脑发育和能力形成的重要机会窗口期,为这一时期的儿童提供良好的营养和卫生保健服务、积极的养育照料和早期启蒙,能够最大程度地开发儿童发展潜能,使其获得最佳人生开端,为一生发展奠定良好基础。2015年,儿童早期发展被纳入联合国可持续发展目标。实践证明,重视儿童早期发展,能够为提高国民素质、实施强国战略提供人力资源战略支撑,有效推动经济社会的可持续发展。

党的十八大以来,以习近平同志为核心的党中央把脱贫攻坚摆在治

---

* 本文为中国发展研究基金会、中国儿童中心对脱贫地区的儿童早期发展进行调查研究后撰写的报告。

国理政的突出位置，习近平总书记亲自部署、亲自挂帅、亲自出征、亲自督战，始终心系贫困地区儿童发展，多次作出重要指示批示，强调"不能落下一个贫困家庭，丢下一个贫困群众"，"不能让贫困人口的子女输在起跑线上"，"让贫困地区的孩子们接受良好教育，是扶贫开发的重要任务，也是阻断贫困代际传递的重要途径"。2013年，总书记在一份有关设立"国家农村贫困地区儿童发展规划"的建议上作出重要批示，要求加大统筹协调和政策扶持力度，有效整合各方资源，促进农村贫困地区儿童发展。2014年，九部门研究制定并以国务院办公厅名义印发《国家贫困地区儿童发展规划（2014—2020年）》（以下简称《规划》）。2018年，总书记在一份有关我国贫困地区儿童发展成果的报告上再次作出重要批示，充分肯定5年来贫困地区儿童发展取得的成就，强调未来5年还要交出更好的成绩单。《规划》发布以来，各地区、各部门高度重视，制定出台实施方案，采取有力措施，把促进贫困地区儿童发展的各项目标任务落到实处，取得了积极成效。

为总结《规划》实施成效，找准短板不足，提出对策建议，2020年8月至9月，在全国妇联的指导下，中国发展研究基金会和中国儿童中心组成近百人的课题组，聚焦脱贫地区儿童早期发展，通过问卷调查、现场测评、实地走访、部门座谈等形式，对原680个国家贫困县中随机抽取的20个县64个村5 353名0～6岁儿童及其家庭，开展了儿童早期发展综合调查，结合相关文献研究和相关部委座谈会的成果和发现，形成如下报告。

1. 我国儿童事业和儿童发展取得显著成就，脱贫地区0～6岁儿童生存和发展权益得到切实保障

党和国家高度重视儿童事业和儿童发展。尤其是党的十八大以

来，以习近平同志为核心的党中央把培养好少年儿童作为一项重大战略任务，坚持儿童优先原则，各地区、各部门共同努力，出政策、建体系、抓重点、补短板，推动包含儿童早期发展在内的儿童事业取得历史性成就，我国婴儿死亡率、5岁以下儿童死亡率、学前教育毛入园率等儿童发展指标优于中高收入国家平均水平。与此同时，脱贫地区儿童事业也取得显著进展，脱贫地区儿童的生存和发展权益也得到了切实保障，一些儿童早期发展项目见到了成效。

1.1 儿童事业相关法规政策不断健全完善，儿童发展总体水平再上新台阶

儿童合法权益从源头上得到保障。新出台的《民法典》确立了最有利于未成年人的原则，在未成年人监护、离婚子女抚养、收养、财产继承等方面作出明确规定。《反家庭暴力法》《刑事诉讼法》《刑法修正案》的实施，进一步加强了对儿童人身权益的保护，加大了对虐待、拐卖、性侵儿童犯罪的惩治力度。《未成年人保护法》《预防未成年人犯罪法》完成修订，家庭教育法立法取得重大进展，草案正在征求意见。[①] 除立法之外，执法和司法实践中对未成年人的全面综合司法保护也得到不断加强，四级未成年人检察工作体系初步形成，少年法庭建设稳步推进，建立了侵害未成年人案件强制报告制度、打拐解救儿童寻亲和收养制度、儿童失踪快速查找机制。

促进儿童发展的政策措施落地生效。儿童健康事业得到高度重视，被纳入国家"十三五"规划、《"健康中国2030"规划纲要》，国家卫生健康委员会（以下简称国家卫健委）实施的基本公共卫生服务项目，

---

① 本报告完成后，《家庭教育促进法》已于2021年10月颁布。

为全国所有儿童免费提供新生儿访视、体格检查、听力、视力和口腔筛查等13次健康检查服务。一系列儿童教育文件政策出台，规格和频次都前所未有，尤其是基础教育领域的"三文一会"②，为保障儿童的受教育权奠定了坚实基础。儿童福利方面，留守儿童、困境儿童等群体关爱保护文件陆续印发，《关于进一步加强事实无人抚养儿童保障工作的意见》更是填补了儿童福利领域的制度空白。针对托育难题，国务院办公厅出台了《关于促进3岁以下婴幼儿照护服务发展的指导意见》，全国妇联就此专门制定推进落实的文件。家庭工作空前受到重视，全国妇联等九部门印发实施了两个周期的家庭教育五年规划，修订了《全国家庭教育指导大纲》和《家长家庭教育基本行为规范》，使家庭教育有了具体依循，极大地促进了儿童家庭生长环境的改善。

儿童发展总体水平显著提高。一是营养健康状况持续改善。婴儿死亡率、5岁以下儿童死亡率和孕产妇死亡率分别由2015年的8.1‰、10.7‰和20.1/10万下降到2019年的5.6‰、7.8‰和17.8/10万，部分重大出生缺陷发生率呈下降趋势，国家免疫规划疫苗种类从最初预防6种疾病扩大到预防15种疾病。二是儿童教育普及水平和教育质量持续提高。学前教育毛入园率从2015年的75.0%提高到2019年的83.4%，2019年的九年义务教育巩固率为94.8%，学校标准化建设水平提高，义务教育向优质均衡迈进，男女两性差异基本消除。三是儿童福利保障水平逐步提升。2019年机构集中养育孤儿和社会散居孤儿基本生活保障标准分别达到平均每人每月1 499.2元和1 073.5元，福利

---

② 三文一会，具体是指《中共中央 国务院关于学前教育深化改革规范发展的若干意见》《中共中央 国务院关于深化教育教学改革全面提高义务教育质量的意见》《国务院办公厅关于新时代推进普通高中育人方式改革的指导意见》和2019年召开的全国基础教育工作会议。

保障范围拓展到因家庭经济贫困、自身残疾和家庭监护缺失或不当导致困境的儿童以及事实无人抚养儿童,在制度层面实现了儿童基本医疗保障全覆盖。四是基层儿童保护体系进一步加强。基层儿童保护机构和队伍建设得到加强,2020年全国共配备乡镇(街道)儿童督导员4.8万名,村(居)儿童主任66万余名,建成为儿童及其家庭提供服务的"儿童之家"28.9万所。儿童关爱服务得到有效保障,2019年共有78万无人监护农村留守儿童落实了受委托监护责任人,18万无户籍儿童顺利落户,批评教育失职父母9.1万人。全国共有城乡社区家长学校36.3万所,家庭教育指导服务体系逐步完善。

1.2 脱贫地区儿童事业推进力度加大,0~6岁儿童健康、教育等方面的发展水平明显提高

脱贫地区儿童营养健康相关重要指标实现《规划》目标水平。调查显示,2019年脱贫地区婴儿死亡率、5岁以下儿童死亡率都下降到《规划》提出的12‰和15‰以下,与全国平均水平基本持平。国家卫健委持续监测的结果也显示,脱贫地区6~24月龄婴幼儿平均贫血率和生长迟缓率分别为16.3%和3.2%,与2012年相比分别下降50.5%和68.3%。这也得益于2012年启动的贫困地区儿童营养改善项目,该项目主要为6~24月龄婴幼儿每天提供1包富含蛋白质、维生素和矿物质的辅食营养补充品(营养包),各级财政累计投入资金近44亿元,累计受益儿童1 107万人,有效改善了儿童营养状况。在实际调查中,调查人员在很多家庭都看到了营养包,家长们对营养包赞誉有加。

脱贫地区学前教育毛入园率达到了《规划》目标水平。2019年脱贫地区学前教育毛入园率为79.6%,超过了《规划》中75%的目标水平,和全国83.4%的平均水平较为接近。2018年,《关于学前教育深化

改革规范发展的若干意见》出台后，中央财政支持学前教育发展专项资金逐年增加，2019年达168.5亿元，且重点向中西部农村地区和贫困地区倾斜。2010—2018年，农村地区幼儿园总数增加了61.6%，其中农村幼儿园占69.8%。2018—2020年，中央财政投入70亿元专项资金用于"三区三州"教育脱贫，有效支持了地方优化资源配置，缩小城乡差距和区域差距，推进了教育领域基本公共服务均等化。

脱贫地区儿童关爱保护服务体系更加健全。调查显示，各县基本建立了联席会议制度，高度重视事实无人抚养儿童保护工作，有效保障留守儿童和困境儿童权益。乡镇（街道）儿童督导员和村（居）儿童主任，妇联主席、妇联执委和巾帼志愿者共同构成了关心关爱农村留守儿童和困境儿童的主力军。2016—2019年，国家发展改革委累计安排中央预算内投资12亿元，用于社会服务兜底工程，建设服务孤儿、留守及困境等重点儿童的设施。2020年，民政部中央财政支持社会组织参与社会服务项目中，2/3用于购买儿童关爱社会服务的项目。调查村普遍重视儿童生活状况，部分地区运用财政资金购买专业社会工作服务，妇联、共青团等群团组织与社会组织、志愿者一起积极开展基层儿童关心关爱服务。

脱贫地区儿童的家庭成长环境持续优化。调查显示，广大脱贫地区家庭让儿童拥有了安全的住房、干净的水源、充足的食物，享受到了更好的营养健康、教育学习环境。除了硬件基础外，脱贫地区绝大部分受访家长都认识到家庭家风家教的重要性，认为父母双方应该一起教养孩子。83.4%的家长认为对3岁以下儿童进行教育是必要的。调查县均以不同形式开展了科学家庭教育观念和知识的宣传，90%开展了专门针对困境儿童及其家庭的家庭教育指导服务。96%的3～6岁儿童家长表示，幼儿园曾通过电话或线下活动提供过教养孩子的指导。

1.3 发挥各方面力量积极作用，在儿童早期实施干预可以产生积极效果

《规划》提出，要实行政府直接提供服务和向社会力量购买服务相结合的工作机制，积极引导各类公益组织、社会团体、企业和有关国际组织参与支持贫困地区儿童发展。国家相关部门、国际组织和社会力量都在积极探索，通过地方试点、科学评估等途径，为促进儿童早期发展积累了干预措施、投入成本、科学管理等方面的宝贵经验。

"慧育中国：山村入户早教计划"项目，采取入户家访模式，将科学养育知识送到千家万户。 2015年开始，中国发展研究基金会与地方合作，依托"县－乡－村"三级卫生系统，通过经培训的在村妇女和本土化家访系统课程，为全国10个省（市、自治区）11个县的累计超过15 000名儿童提供每周一次（60分钟）的入户指导服务。该项目提高了儿童在语言、认知、动作等方面的能力，有效降低了发育迟缓率，对儿童发展产生了长期效果，是一种创新的公共服务供给方式。

"儿童早期综合发展（IECD）"项目，采取社区中心模式，为家庭提供家门口的早期综合发展服务。 2013年至今，全国妇联与国家卫健委、民政部、国务院扶贫办（2021年改为国家乡村振兴局）、联合国儿童基金会合作，在经济相对落后，留守儿童、流动儿童集中的贫困农村地区和城乡接合部，以就近就便为原则，在社区/村建立早期发展服务中心，由接受过培训的妇女干部和志愿者，为儿童及家庭提供游乐场所、亲子活动、入户指导、家长讲座、社区宣传等综合性早期发展服务。截至2018年底，该项目共覆盖了38 528名儿童和46 063名看护者。项目有效促进了儿童的身心发展，提高了家长科学养育能力，缓解了家长育儿焦虑，增强了居民幸福感，提升了社区综合治理水平。

"一村一园：山村幼儿园计划"项目，以就近就便为原则，为山村地区提供高质量的学前教育。中国发展研究基金会与地方合作开展的"一村一园"项目由县教育局管理，在有10个以上3~6岁儿童的行政村或自然村设立村级公办园。县政府以购买服务形式招聘教师，并组织县示范幼儿园根据农村幼儿特点编制了教学大纲和教师用书。受聘的教师依据教学大纲开展教学，并接受考评。截至2020年底，项目覆盖10个省（市、自治区）的31个县（市），累计超过20万名儿童受益。该项目有效提升了农村儿童的生长发育、认知和社会性发展水平，并对其成长产生了长期效果。

2. 脱贫地区儿童早期发展面临的新挑战新问题

脱贫攻坚惠及广大儿童和家庭，儿童早期发展事业取得可喜成绩。但受到经济社会发展水平的制约，儿童早期发展中不平衡不充分的问题仍然突出，地区差异、城乡差异、不同年龄阶段儿童发展的差异仍然存在，已不能适应全面建设社会主义现代化国家的新要求和儿童及其家庭对美好生活的新期待。尤其是身心健康、学前教育、家庭环境、社会支持等方面的短板弱项，令人忧心，亟待关注。

2.1 儿童生长发育低于全国平均水平，综合发展较为滞后

调查发现，脱贫地区5岁以下儿童的生长迟缓率为8.40%，是2019年全国平均水平（1.12%）的7倍；低体重率为4.80%，也高于全国平均水平（1.37%）。调查测评了儿童的粗大动作、精细动作、语言、社会行为、适应能力等反映儿童综合发展水平的指标，结果显示，中部、西北、西南脱贫地区0~3岁儿童的综合发展滞后比例分别为19.8%、25.4%、31.7%，是全国平均水平（5%）的4倍、5倍、6倍

左右。3~6岁儿童的综合发展状况也不乐观,西南地区的发展滞后比例最高,达到30.2%。

2.2 学前教育入园率区域差异较大,年龄段覆盖不完整

调查显示,脱贫地区学前三年毛入园率为79.6%,总体上还未达到2019年全国平均水平(83.4%)。而且脱贫地区学前三年毛入园率还存在较大区域差异。中部地区毛入园率已接近95%,西北地区只有77%,西南地区最低仅为66.1%,与全国平均水平相差约17个百分点。不同年龄儿童的入园情况也存在较大差异,尤其是西南和西北地区,3~6岁儿童缺乏完整充分的3年学前教育,主要问题在低年龄段,3岁和4岁儿童入园率仅为59.6%和64.5%。

2.3 家庭成长环境有待改善,家庭教育指导服务亟须完善

脱贫地区0~6岁儿童中,29.3%为留守儿童,19.7%来自建档立卡贫困户,59.1%的看护人文化程度为小学及以下,单亲、家长残疾、经常吵架甚至家暴等情况也较为常见。这些情况往往交织在一起,对儿童发展很可能会带来不利影响。将这些情况综合起来统计显示,有62.3%的儿童生长在这些需要重点关注帮扶的家庭中,西南地区这个比例甚至接近70%。调查还发现,受隔代抚养、父母受教育水平低等影响,脱贫地区儿童的家庭教育状况不容乐观,突出表现有:一是家长榜样作用发挥不够。很多家长有不良行为习惯,包括当着孩子的面抽烟(18.9%)、说脏话(14.1%)、酗酒(10.9%)、随地吐痰(6.6%)等。二是喂养不够科学。蛋白质摄入不足,吃质量无保障的不健康零食现象非常普遍,家长将其作为爱孩子的途径和表现,其中25.6%的儿童经常吃零食(如膨化食品、糖果和冰淇淋、调味料食品、含糖饮料、

油炸食品等）。三是教育方式存在不当行为。近50%的家长在过去一周内动手打过孩子，家长受教育程度越低，越经常出现严厉惩罚、语言恐吓等方式。81.8%的家长感到缺乏有效的教育方法，这也导致儿童在家庭生活中过度依赖电子产品，17.3%的儿童平均每天使用电子产品超过3个小时，屏幕暴露问题在脱贫地区普遍存在。

2.4 农村基层儿童公共服务存在供给不足、投入不够、机制不完善等短板

在公共服务供给方面，脱贫地区农村0~6岁儿童的早期养育和学前教育还不能满足当地家庭和儿童的需求。86.4%的家庭从未接受过儿童早期养育和照顾相关的支持服务，76.1%的家庭对服务供给状况不满意。公办园不入村、乡镇民办园收费较高、家庭能力有限、家距离幼儿园距离远等导致低收入家庭儿童无法入园。脱贫地区未入园儿童中，46.3%来自低收入家庭，45.4%由于村里没有幼儿园而没入园，超过65%的低收入家庭希望在村里接受学前教育服务。农村义务教育阶段学生营养改善计划尚未覆盖到幼儿园，很多附设幼儿园的农村小学存在"哥哥姐姐吃，弟弟妹妹看"的情况。在经费投入方面，脱贫地区除了在学前教育、儿童健康、困境儿童福利保护等方面有相应的基本公共服务支出外，在早期照护、家庭教育等方面几乎没有支出。1/4的调查县设有家庭教育工作专项经费，平均仅为8.8万元，相对其县域的家长规模，投入的经费杯水车薪。有限的经费投入也很难下沉至村，惠及农村低收入人口。65.6%的村在儿童发展公共服务方面（包括教育、福利、健康等）没有任何投入（包括转移支付）。约2/3的村干部反映，缺乏儿童发展相关的公共服务及设施（67.9%）、缺乏经费投入（65.5%），是近两年阻碍农村儿童发展的最主要困难。

需要特别指出的是，基层儿童保护的工作机制还比较薄弱。调查发现，脱贫地区留守儿童和困境儿童较多，如何发现，如何报告，如何调查评估，如何应急处置，如何帮扶救助，强制报告制度的工作机制更待明确细化落实。尤其是对于 0~3 岁儿童的关爱保护，更是缺少明确的牵头部门，社会力量的有效介入也缺乏政策引导和资源支持。

3. "十四五"时期推动脱贫地区儿童早期发展的建议

党的十九届五中全会提出，"十四五"时期要全面实施乡村振兴战略，实现巩固和拓展脱贫攻坚成果同乡村振兴有效衔接。脱贫攻坚没有落下任何一个儿童及其家庭，乡村振兴也要帮助脱贫地区儿童更好地健康成长、全面发展，为每一个家庭提供支持保障。在推进脱贫地区儿童发展过程中，尤其要关注 0~6 岁乡村儿童的早期发展，将促进儿童早期发展放在更加优先考虑的位置，在制定政策、采取措施、配置资源等方面，要实施更加积极的政策，为儿童早期发展的营养健康、教育服务、家庭支持等方面提供政府支持和服务保障。

3.1 进一步树牢儿童优先发展战略理念

各级党委和政府要强化儿童优先理念，在公共政策制定实施过程中，优先考虑儿童早期发展的利益和需求，做到"三个优先"，即坚持儿童教育的优先发展，推进儿童健康服务的优先供给，努力实现儿童福利的优先保障。要坚持系统观念，做好顶层设计，切实发挥党委和政府在编制规划、制定政策、引导投入、规范市场、监督管理等方面的主导作用。要强化责任意识，突出政策导向，明确促进儿童早期发展的牵头部门、主责部门和相关部门责任，科学设定促进儿童早期发展目标任务，研究制定促进儿童早期发展的法规政策、发展规划、规范标准。要坚持统筹协调，整体精准施策，充分整合卫健、教育、发改、财政、住建、人社、民政、妇联等相关部门资源，鼓励企事业单位、社会组织、慈善机构和公民个人积极参与儿童早期发展工作，建立健全儿童早期发展工作机制和管理体制，形成促进儿童早期发展的强大合力。

3.2 进一步健全支持家庭发展的法律政策

坚持以习近平总书记"三个注重"重要论述为指导，在法律的立改废释中强化家庭视角，加快推进家庭教育立法进程，深入实施反家庭暴力法，完善相关实施细则和配套措施；要在政策制定中，推动国家"十四五"规划纲要增设"家庭建设"专节，不断完善家庭生育和养育的支持政策，探索实行女职工产假期间社保缴费由财政补贴，将3岁以下婴幼儿抚育纳入个人所得税专项附加扣除，对建立福利性婴幼儿看护机构的用人单位给予税收优惠，3岁以下婴幼儿父母享受年度育儿假，集合社会力量常态化、制度性为病残、留守、流动家庭提供关爱服务等保障制度；要在工作机制上，推动健全党委领导、政府主导、部门合作、家庭尽责、社会参与的家庭工作格局，将家庭家教家风建设纳入基层社会治理机制，纳入基层群众自治组织、群团组织、社会组织的工作之中，其工作经费列入财政预算、纳入政府购买服务项目。

3.3 推动脱贫地区儿童早期发展事业纳入国家发展规划

脱贫地区儿童早期发展事业是一项功在当代、利在千秋的重要民心民生工程，理应成为我国"十四五"时期经济社会发展中需要突出关注的事业，也应该把它作为2035年基本实现社会主义现代化目标的基础工程抓紧抓好抓实。建议将其纳入国家相关规划、新一轮儿童发展规划纲要、新一轮乡村振兴计划中，适时制定新一轮《国家脱贫地区儿童早期发展规划（2021—2035 年）》，明确目标任务，落实责任主体，提供经费保障，对规划实施进展和成效进行动态监测评估。

3.4 加强脱贫地区儿童营养健康保障

加强孕产妇教育和支持服务，大力提倡 6 个月纯母乳喂养。持续实施脱贫地区儿童营养改善项目，加大投入力度，扩大项目覆盖范围，提升项目执行质量。将农村义务教育阶段学生营养改善计划向前延伸至学前教育阶段，尽快出台农村学龄前 3~6 岁儿童营养改善政策和项目，在脱贫地区农村试点实施，做好项目跟踪评估，根据试点情况扩展项目实施范围，也可将脱贫地区儿童营养改善计划项目覆盖人群由 6~24 月龄婴儿扩展至 0~6 岁儿童，进一步提高农村儿童营养健康水平。

3.5 设立支持脱贫地区儿童早期发展专项

一是设立支持脱贫地区 0~3 岁儿童早期发展服务专项。以"县－乡－村"三级卫生服务体系、妇联工作体系为主要依托，进一步加大力度推动社区儿童之家建设，打通为儿童和家庭服务的"最后一公里"。通过政府购买服务，聘用县内大中专毕业生或经过培训的在村妇女，因地制宜，因情施策，采用社区中心模式或入户家访模式，为脱贫地区每个家庭提供便捷、持续的儿童早期发展公共服务。

二是设立支持脱贫地区 3~6 岁儿童村级学前教育发展专项。已经实施的《支持中西部农村偏远地区开展学前教育巡回支教试点工作》，有力促进了脱贫地区学前教育发展。在此基础上，可整合各项资金，设立专项，在中央财政"支持学前教育发展资金"中划定专门经费集中用于发展脱贫地区村级学前教育，重点增设村级公办园或幼教点，通过政府购买服务的方式聘用教师，普及脱贫地区农村学前教育。

三是设立支持脱贫地区家庭教育指导服务体系建设专项。落实十九届四中全会提出的"构建覆盖城乡的家庭教育指导服务体系"要求,将家庭教育指导服务纳入社会公共服务内容,推动"十四五"时期85%以上的城乡社区设立家长学校或家庭教育指导服务站(点)。建议按照脱贫地区每户每年不少于10元配置家庭教育指导服务工作经费,健全学校家庭社会协同育人机制,从家庭教育角度把立德树人根本任务落到实处,为广大家长和儿童提供就近就便有效的家庭教育指导服务,提升家长的科学育儿素养和能力。

青海乐都"一村一园"项目的长期影响

汪三贵　郑丽娟　张艳姣　赵焕琪

2009 年开始，中国发展研究基金会在青海省乐都县（后改为海东市乐都区）开展"一村一园：山村幼儿园计划"试点项目（以下简称山村幼儿园），2010 年在当地大面积铺开建设山村幼儿园，旨在改善乐都区学前教育发展水平，提升乐都区学龄前儿童学前教育入学率。2022 年和 2023 年高考阶段，2009 年和 2010 年完全参与该项目的学生已经部分参加高考。为了评估该项目对儿童发展的长期影响，中国人民大学中国扶贫研究院团队受邀对该项目第二期实施效果进行独立第三方评估。基于中国发展研究基金会提供的 2022 年收集的数

---

* 汪三贵，中国人民大学农业与农村发展学院、中国扶贫研究院教授。郑丽娟，中国人民大学农业与农村发展学院、中国扶贫研究院博士研究生。张艳姣，中国人民大学农业与农村发展学院、中国扶贫研究院博士研究生。赵焕琪，中国人民大学农业与农村发展学院、中国扶贫研究院博士研究生。

据和课题组 2023 年 5—9 月从青海省海东市乐都区获得的有关行政管理数据，以及对乐都区和民和回族土族自治县（以下简称民和县）抽样学校高中三个年级学生的调查数据，本报告初步报告了山村幼儿园项目对学生发展的长期与短期影响。具体来说，本报告分析了参与乐都区山村幼儿园项目学生与其他不同学前教育经历学生（县城公办园、县城民办园、镇民办园、未接受学前教育）在家庭背景、教育成就与学业表现、非认知技能发展（大五人格、自尊、自控力、社会情感、亲社会行为倾向等）、人际关系、经济偏好等方面的差异，并进一步使用多元回归模型、随机效应模型分析山村幼儿园对学生在上述方面发展的影响。

报告的核心发现及观点包括以下几个方面：

1. 山村幼儿园显著提高农村弱势家庭子女获得学前教育的机会，显著推动乐都区学前教育发展，为整体提升乐都区农村地区人力资本创造了更有利的条件

总体来说，山村幼儿园经历学生的家庭背景处于明显劣势，父母受教育年限显著偏低，家庭经济水平在总体中显著偏低，农业户口和父母就业类型为务农的比例最高。山村幼儿园学生年龄比没接受学前教育的学生更小，家庭经济背景更差，父母务农的比例更高。若没有山村幼儿园这一项目干预，该批学生将和无接受学前教育经历的学生一样，无法获得学前教育。从民和县同期学生接受学前教育的巨大差异中也可发现，山村幼儿园提高了乐都区农村弱势家庭子女获得学前教育的机会，保障了落后农村地区适龄儿童入学接受学前教育的机会。

2. 山村幼儿园项目对学生的短期与长期学业表现均有显著正向影响，对不同学段学生的成绩影响存在累积优势，且在中考阶段影响达到最大

2.1 长期影响

长期来看，在高中阶段，山村幼儿园经历可显著增加学生进入高等院校的概率，但不会增加学生进入更高层次高等院校的概率。与县城民办园经历学生相比，山村幼儿园学生上本科及以上的概率显著高出5.7个百分点，上本科一段线的概率显著高出6.1个百分点；与镇民办园学生相比，山村幼儿园学生上本科及以上的概率显著高出6.7个百分点，上本科一段线的概率显著高出5.1个百分点；与无接受学前教育经历学生相比，山村幼儿园学生上本科及以上的概率显著高出9.6个百分点，上本科一段线的概率显著高出9.9个百分点。

山村幼儿园项目通过提高学生的高考分数，进而提升了学生进入高等院校的概率。当因变量为高考理科标准化总分时，山村幼儿园学生理科总分显著低于县城公办园学生0.149个标准分，且在1%的水平下显著。同时，山村幼儿园学生理科总分显著高于镇民办园和无接受学前教育经历学生0.126和0.208个标准差，且分别在5%和1%的水平下显著。当因变量为高考文科标准化总分时，山村幼儿园学生文科总分显著高于县城民办园经历学生0.329个标准差，且在1%的水平下显著；显著高于镇民办园经历学生文科总分0.390个标准差，且在1%的水平下显著。山村幼儿园经历学生理科数学标准分显著高于无接受学前教育经历学生；山村幼儿园经历学生文科语文和数学分数显著高于县城民办园和镇民办园经历学生。学生的模拟考成绩作为结果变量也呈现相似的结果。

2.2 中长期影响

在初中阶段,山村幼儿园经历学生的学业表现(中考成绩)好于其他任何学前教育经历学生,影响效应高于高中阶段。在控制学生个体、家庭和小升初成绩的前提下,山村幼儿园学生中考标准化总分、语文分数显著高于县城公办园学生 0.049 个和 0.065 个标准差;山村幼儿园学生中考标准化总分、语文和数学分别高于县城民办园 0.044、0.040 和 0.042 个标准差;山村幼儿园学生中考标准化总分、语文和数学分数显著高于镇民办园学生 0.081、0.091 和 0.073 个标准差;山村幼儿园学生中考标准化总分、语文和数学分数显著高于无接受学前教育经历学生 0.189、0.185 和 0.211 个标准差。

在小学阶段,使用学生的小升初成绩作为小学阶段学业表现的代理变量,可发现山村幼儿园对学生的学业表现在小学阶段有影响,但影响效应低于初中阶段。在控制学生个体、家庭和小学一年级期末考试成绩的前提下,山村幼儿园学生的小升初标准化语文分数显著高于镇民办园学生 0.075 个标准差。山村幼儿园学生小升初标准化总分、语文和数学分数显著高于无接受学前教育经历学生 0.194、0.124 和 0.165 个标准差。

2.3 短期影响

使用学生的小学一年级期末考试成绩作为小学入学阶段学业表现的代理变量,可发现山村幼儿园对学生的学业表现在小学一年级阶段有影响,但影响效应低于小升初阶段学业表现。山村幼儿园学生的一年级标准化成绩比无学前教育经历的学生高 0.238 个标准差。

3. 山村幼儿园项目可显著提高学生进入普通高中的概率和就读重点高中即乐都一中的概率，降低学生留级概率

使用学生是否进入普通高中（以下简称普高）和是否就读乐都一中作为结果变量，在控制学生个体、家庭特征变量和小升初成绩的前提下，山村幼儿园学生上普高和乐都一中的概率比镇民办园学生分别高 3.7 个和 3.0 个百分点。山村幼儿园学生上普高和乐都一中的概率比无接受学前教育经历学生高 12.0 个和 5.4 个百分点；山村幼儿园学生的留级概率低于无接受学前教育经历学生 8.0 个百分点。

4. 山村幼儿园项目对高中阶段学生的部分非认知能力仍有显著影响，即提升了学生的非认知能力

使用面板数据随机效应模型分析山村幼儿园项目对学生非认知能力的影响，在大五人格方面，山村幼儿园经历学生的尽责性得分显著高于县城公办园 0.065 分，显著高于无接受学前教育经历学生 0.040 分；山村幼儿园经历学生的情绪稳定性得分显著高于县城公办园 0.111 分、县城民办园 0.068 分和镇民办园经历学生 0.055 分；在自尊方面，山村幼儿园学生的自尊得分显著高于县城公办园经历学生 0.099 分，显著高于无接受学前教育经历学生 0.184 分；在社会情绪能力方面，与无接受学前教育经历学生相比，山村幼儿园经历学生自我管理得分显著高于无接受学前教育经历学生 0.019 分；在自控力方面，山村幼儿园经历学生自控力得分高于县城公办园学生 0.03 分、高于县城民办园学生 0.013 分、高于无接受学前教育经历学生 0.031 分；在坚毅力方面，山村幼儿园经历学生的坚毅力得分显著高于县城公办园 0.185 分；山村幼儿园经历学生的努力持续性得分显著高于无接受学前教育经历学生 0.172 分；

在人际关系方面，与无接受学前教育经历的学生相比，山村幼儿园会显著提高学生的好朋友数量，且在5%的水平下显著；在亲社会行为倾向方面，与镇民办园相比，山村幼儿园显著提高学生亲社会行为中的依从性得分；与未接受学前教育的学生相比，山村幼儿园可显著提高亲社会行为中的利他性得分。

5. 山村幼儿园项目可对高中阶段学生的风险偏好、时间偏好和社会偏好产生影响

在风险偏好方面，山村幼儿园学生的风险偏好得分显著低于县城民办园学生，能够降低学生的风险类行为；在时间偏好方面，与县城民办园相比，山村幼儿园可显著提高学生的时间偏好得分，即学生更加耐心，同时，与未接受学前教育学生相比，山村幼儿园也可显著提高学生的时间偏好得分；在社会偏好方面，与其他学前教育经历学生相比，山村幼儿园学生平等主义者更多，恶意主义者与自私主义者的比例更低。与县城公办园经历学生相比，山村幼儿园经历学生更少是恶意主义者；与县城民办园学生相比，山村幼儿园经历学生更多是平等主义者；与镇民办园学生相比，山村幼儿园学生更多是平等主义者；与未接受学前教育的学生相比，山村幼儿园学生显现出更多利他主义、平等主义，更少恶意主义和自私主义。

6. 山村幼儿园授课干预模式分为全天和半天，与半天干预模式相比，全天干预模式更能提升学生认知与非认知能力发展

对比山村幼儿园半天和全天干预模式，在高考成绩方面，全天干预频率更能显著增加高三学生二本及以上的概率3.4个百分点，同时会显著提高文科学生高考标准分0.133个标准差；在中考成绩方面，接受全

天干预模式的学生的中考标准化总分、语文和数学分数显著高于半天干预频率学生 0.068、0.112 和 0.115 个标准差；在小升初成绩方面，接受全天干预模式的学生小升初标准化总分、语文和数学分数显著高于半天干预频率学生 0.009、0.036 和 0.072 个标准差。在大五人格方面，接受全天干预模式的学生的外向性得分显著高于半天干预频率学生 0.081 分，开放性得分显著高于半天干预频率学生 0.063 分，情绪稳定性得分显著高于半天干预频率学生 0.097 分；在自尊方面，接受全天干预模式的学生的自尊得分显著高于半天干预频率学生 0.717 分；在社会情绪能力方面，全天干预模式显著提高学生社会意识得分 0.033 分；在坚毅力方面，与半天干预模式相比，全天干预模式可显著提高学生兴趣稳定性得分 0.09 分；在亲社会行为倾向方面，与半天干预模式相比，全天干预模式可显著提高学生亲社会行为中的利他性得分 0.098 分；在社会偏好方面，与半天干预模式相比，全天干预模式更能降低学生的自私主义 1.9 个百分点。

7. 与同期民和县学前教育发展相比，山村幼儿园项目显著提升乐都区学前教育发展

民和县无学前教育经历的学生占比显著高于乐都区无学前教育经历的学生占比。对比同期乐都区和民和县高中生学前教育入学率，可以发现，样本学生中，民和县无学前教育经历学生占比 54.07%，即 2023 年民和县在校高一至高三学生中无学前教育经历的学生占比超过一半；乐都区无学前教育经历学生占比 9.59%，远低于同期民和县无学前教育经历学生占比。这进一步说明山村幼儿园项目干预推动了乐都区学前教育的进步与发展。具体来看，乐都区和民和县不同年级无学前教育经历的学生占比存在显著差异。乐都区高三年级无学前教育经历的学生占比

18.51%，民和县无学前教育经历的学生占比 63.79%；乐都区高二年级无学前教育经历的学生占比 7.52%，民和县无学前教育经历的学生占比 53.55%；乐都区高一年级无学前教育经历的学生占比 2.88%，民和县无接受学前教育经历的学生占比 47.97%。

8. 与民和县学生非认知能力对比

在大五人格方面，山村幼儿园经历会显著提高学生的大五人格。山村幼儿园经历会显著提高学生的开放性和情绪稳定性得分。山村幼儿园学生的开放性得分显著高于镇民办园和无学前教育经历学生 0.074 分和 0.052 分。山村幼儿园学生情绪稳定性得分显著高于县城公办园、镇民办园和无接受学前教育经历学生 0.057 分、0.046 分和 0.041 分；在自尊方面，山村幼儿园学生自尊得分显著高于县城民办幼儿园、镇民办幼儿园学生；在社会情绪能力方面，与山村幼儿园学生相比，县城民办幼儿园学生总分、社会意识、人际关系技巧得分显著低于山村幼儿园学生；镇民办幼儿园学生负责任决定、社会意识和人际关系技巧得分显著低于山村幼儿园经历学生；无学前教育学生的社会情感总分、负责任决定、社会意识和人际关系技巧得分显著低于山村幼儿园学生；在自控力方面，山村幼儿园学生自控力得分显著高于县城民办幼儿园 0.153 分、高于镇民办幼儿园 0.133 分、高于无学前教育经历学生 0.134 分；在亲社会行为倾向方面，山村幼儿园经历会显著提高学生的公开条件下的亲社会行为；在积极心理健康方面，与镇民办幼儿园相比，山村幼儿园会显著提高学生的积极心理健康得分；与无学前教育经历的学生相比，山村幼儿园会显著提高学生的积极心理健康得分，且在 10% 的水平下显著。

在风险偏好方面，山村幼儿园的经历会显著降低学生的风险偏好意愿，学生的风险偏好得分越低，危险行为和消极行为发生的概率越低。在时间偏好方面，与无学前教育经历的学生相比，山村幼儿园经历可显著提升学生的时间偏好得分，即显著提升学生的耐心程度；在社会偏好方面，山村幼儿园经历会显著提升学生的平等主义意识、降低学生的恶意主义和自私主义。与县城民办幼儿园相比，山村幼儿园经历显著提升了学生的平等主义意识，且会显著降低学生的恶意主义和自私主义意识；与镇民办幼儿园相比，山村幼儿园经历会显著提升学生的平等主义意识；也显著降低学生的自私主义。与未接受学前教育的学生相比，山村幼儿园经历会显著提升学生的平等主义意识，降低恶意主义和自私主义。

我国儿童早期发展模式探索及其有效性评估

基于随机干预试验的证据

史耀疆 岳爱 宋倩楠

个体生命的第一个 1 000 天是大脑发育最关键的时期，同时也是投资回报率最高的时期。中国在儿童早期发展方面取得了伟大的成就，但中国农村地区儿童在认知、语言、社会情感和运动早期发展等方面仍面临一定挑战。这与农村地区照养人在喂养行为、养育行为和抑郁倾向方面还存在一些问题有关。项目组结合多年行动研究经验，相继提出并实施营养包干预、入户干预、儿童早期发展活动中心等多种可行的模式，并对其实际效果进行了评估，以供政策制定者和执行者参考。希望相关部门从中国的实际情况出发，在已有基础上加大国家在儿童早期发展领

---

* 史耀疆，陕西师范大学二级教授，教育实验经济研究所（CEEE）所长。岳爱，陕西师范大学教授。宋倩楠，陕西师范大学教育实验经济研究所博士生。

域的投入，促进儿童早期的全面发展，从根源上解决人力资本的发展问题。

1. 研究背景

人力资本的形成和发展是一个长期积累的过程，把握不同年龄段儿童大脑发育规律及特点对有效提高人力资本素质有重要意义。根据《柳叶刀》发展中国家儿童早期发展系列报告，个体生命最初的1 000天经历了大脑的快速发育、突触修剪和髓鞘形成等过程，是大脑可塑性最强的时期，也是多数能力（听觉、视觉、语言和认知等）的最佳发展期（Grantham-McGregor et al. , 2007）。投资儿童早期发展等预防性的干预措施，远比后期投资学校教育和成人教育等干预措施的成本收益高，同时也更加有效。

诺贝尔经济学奖获得者赫克曼（2000）的研究指出，平均而言，人力资本投资回报率随着年龄增加会逐步下降，0～3岁婴幼儿早期人力资本投资的回报率最高，据估算其回报率可高达1∶17。因此，在儿童早期大脑发育这一关键期开展干预，对提升人力资本质量至关重要。

发达国家和发展中国家开展了不同形式和内容的儿童早期发展干预项目，并对干预效果进行了科学评估。比如美国"佩里学前教育项目"、北卡罗来纳州"启蒙项目"、牙买加"儿童早期发展项目"、哥伦比亚"以家庭为基础入户项目"和乌干达利拉区"儿童早期干预项目"等。评估结果表明这些早期发展干预对儿童的语言、阅读和数学等认知能力发展，以及社会情感和课堂行为等非认知能力发展均有显著的正向影响（Reynolds et al. , 2010；Walker et al. , 2011）。从这些儿童早期发展干预项目的长期追踪评估结果来看，干预组样本往往具有更高的受教育水平、更少的特殊教育需求、薪酬更高、住房拥有率更高、接受福利救济的人数更少或犯罪率更低等特点（Landry et al.，2006；Heckman et al.，2013）。

国内研究者也开展了一系列关注儿童早期发展的研究，尤其关注中国农村地区0~3岁婴幼儿的早期发展。贫血是制约儿童早期发展的风险因素之一，研究指出我国农村地区0~3岁婴幼儿存在贫血挑战，这主要由喂养行为不当引起（Luo et al.，2014；Zhou et al.，2016）。也有研究指出我国农村地区儿童存在早期发展滞后风险的比例较高，这与照养人缺乏科学的养育知识和技能，进而缺少有效亲子互动密切相关，存在不给孩子讲故事、不给孩子唱歌、不与孩子玩耍等行为比例较高（Luo et al.，2017a；Yue et al.，2019；岳爱等人，2019）。

中国政府已经充分认识到促进儿童早期发展的重要性，相继出台一系列全国性规划与指导意见以促进儿童早期发展服务更加完善。但如何将全国性政策落地实施，需要在实证研究的基础上提出干预有效、成本可控的可操作方案。

2. 模式探索与有效性评估

项目组基于儿童早期发展理论和中国农村地区儿童发展的现状，使用随机干预试验方法，联合儿童早期发展领域专家设计、实施、评估了四个儿童早期发展项目，旨在结合当地实际情况以及农村社区支持环境，探索可推广、能复制、易落地的儿童早期发展服务方案，促进农村婴幼儿早期发展，为政府在农村地区实施普惠性科学育儿指导服务提供参考和借鉴，助力乡村振兴。

2.1 "营养包补充"随机干预试验研究

针对农村地区儿童早期发展存在的贫血和认知潜能未充分发挥的挑

战,研究团队为了了解西部农村地区 0~3 岁婴幼儿健康和认知等的发展现状,且找到可能的解决方案,于 2013 年对秦巴山区 11 个县 174 个乡镇的 351 个村的 6~12 月龄婴幼儿开展了为期 18 个月的研究。117 个样本村被随机分配为"对照组",还有 117 个村被随机分配为"干预组 1－营养包组",剩下的 117 个村被随机分配为"干预组 2－营养包 + 短信组"。两个干预组样本家庭均接受了贫血的原因、后果以及如何给婴幼儿喂养营养包的相关知识。项目使用的营养包是世界卫生组织推荐的为 6~24 月龄儿童治疗缺铁性贫血的营养补充物(WHO,2011)。每隔 6 个月,研究团队对样本儿童进行一次跟踪调查,使用贝利婴幼儿发展量表第一版(BSID-I)和家长问卷跟踪测试样本儿童的认知、运动和饮食等情况。研究团队持续跟踪样本儿童至 24~30 月龄。

研究结果表明,样本地区近一半 0~3 岁儿童存在认知发展滞后的风险,每天给婴幼儿提供一包营养包,可以在短期内有效降低婴幼儿贫血率,并提高他们的认知发展能力。但是在后续 2 期(每 6 个月为一期)的追踪调查中发现,长期来看该干预对婴幼儿的贫血和认知没有显著影响,且这一结果与服用营养包的依从率、项目的统计功效以及喂养行为没有关系(Luo et al.,2017b)。

2.2 "养育师一周一次入户开展亲子指导"随机干预试验研究

2013 年底,研究团队在分析了"营养包补充"随机干预试验研究的初步结果后,针对营养包干预试验存在的局限和挑战,结合牙买加国际项目的经验,开展了营养和养育结合的干预研究。2014 年,研究团队和国家卫生和计划生育委员会合作,将随机选择的 131 个村中的 65 个村随机分配为"入户干预组",其余 66 个村为"对照组"。在干预组，研究团队开发了一套适合农村6～36月龄婴幼儿的亲子活动，培训当地乡镇计生技术服务人员掌握亲子活动课程内容，由这些计生服务人员负责将研究团队开发的亲子活动课程及与其配套的玩具和绘本教具带到农户家里，与婴幼儿及其家长开展每周一次的一对一入户亲子指导活动，干预从2014年11月开始实施，持续开展了6个月。

相较于国际上其他组织开发的儿童早期发展干预方案（如牙买加、世界卫生组织和联合国儿童基金会等），研究团队开发的亲子活动指导课程是适合中国国情、具有中国特色的，内容更加丰富和细化，针对6～36月龄婴幼儿的认知、语言、运动和社会情感四方面能力的发展，且配套了能够促进粗大动作/精细动作发展、认知能力发展的玩教具，和适合不同年龄段及促进认知、语言、社会情感能力发展的绘本图书包。

评估结果表明，该项目有效改善了干预组照养人的养育行为，干预组照养人给婴幼儿阅读、唱儿歌和用玩具与儿童玩耍的次数有显著提高，更重要的是，一周一次的入户干预对18～30月龄婴幼儿的认知发展有更大的促进作用，其认知得分提高了0.27个标准差（Sylvia et al.，2018）。中国发展研究基金会2014年在甘肃省开展了入户家访的随机干预试验研究，研究结果表明，营养与家访相结合的综合干预对贫困地区0～3岁儿童动作、语言等能区智力发育，体格生长发育，营养不良状况都产生了显著促进和改善效果（中国发展研究基金会，2017）。也就是说一定程度上证明了在人力成本不断上升的今天，"养育师入户指导"干预是一个促进儿童早期发展的可行方案。

2.3 "村级儿童早期发展活动中心"随机干预试验研究

项目组在"养育师入户指导"结束后，探索降低干预成本、扩大干预覆盖面的方案，在农村建立村级儿童早期发展活动中心（以下简称养育中心）。2015年，研究团队在秦巴山区的100个村随机选择50个村为"干预组"（每个村建立一个养育中心），其余50个村作为"对照组"。当地卫生和计划生育部门为每个养育中心提供2名乡镇计生专干作为养育师，养育师每周三到养育中心指导照养人和6~36月龄儿童开展一对一的亲子活动，亲子活动课程与入户指导的相同。项目组在养育中心所在村雇1名村民作为管理员，负责管理每个村养育中心的亲子活动指导和日常管理。照养人与儿童都可以在养育中心的开放时间阅读绘本、玩耍和交流。

初步分析结果表明，养育中心干预显著地改善了照养人的养育行为（包括与儿童阅读、唱儿歌和玩耍等），并且对儿童的认知、语言和运动能力（包括祖辈为主要照养人的儿童的发展能力）均有显著的积极影响。

2.4 "宁陕'养育未来'整县覆盖"干预模式探索研究

对于农村家庭而言，由政府提供普惠服务是其接受科学育儿指导的重要途径，但目前尚无具体落地实施方案。在前期项目基础上，2018年项目组联合政府和公益机构实施了"儿童早期发展整县覆盖项目试点"探索研究，旨在探索政府主导实施的、地方全面覆盖的儿童早期发展有效干预模式，这对厘清地方政府阻断贫困代际传递、提高我国儿童早期发展和未来人力资本发展的长效影响机制有重要意义。项目组选择了陕西省宁陕县作为试点，探索通过政府属地管理免费为全县6~36月龄婴幼儿及其家庭提供服务的新模式。在宁陕县建立了20个养育中心和6个服务点，免费为全县的儿童提供儿童早期发展服务。该项目结果显示，干预组婴幼儿比对照组婴幼儿在沟通能力、精细运动能力和综合发展水平上有显著提高。

3. 建议

从国际经验看，促进婴幼儿早期发展、消除贫困的代际传递、提高未来竞争力，是国家发展战略的一个重要选择，也是推动经济长期发展和社会稳定最具公平与效率的公共政策。中国自改革开放以来的成就不容小觑，婴幼儿死亡率、低体重儿童的比例等持续下降。随着中国迈向高收入国家的行列，中国农村儿童的早期发展仍然面临着严峻的挑战。针对这些挑战，我们提出以下几点建议：

中国政府需要加大政府投入力度，逐步将0~3岁婴幼儿早期发展服务纳入基本公共服务提供范畴。根据测算，全国832个低收入县推广"养育未来"项目需首年投入50亿元，每年运营费用40亿元，年费用仅占我国GDP的0.005%。即使是覆盖所有乡村人口（按6亿人计），年费用也不到GDP的0.1%。我们建议逐步将婴幼儿早期发展服务纳入政府公共服务提供范畴。

阻断贫困代际传递根源，丰富相对贫困时期教育扶持政策内容。区别于城市需求，农村地区将低收入家庭纳入低收入地区婴幼儿营养改善项目覆盖范围，将亲子活动入户和养育中心结合的干预模式纳入精准扶贫工作内容，通过综合性婴幼儿早期发展服务，从源头上解决贫困的代际传递问题。

建立长效发展机制，鼓励相关机构工作创新，为农村地区婴幼儿发展服务提供人力保障。为促进3岁以下婴幼儿早期发展服务，应加快制定人员、机构及服务的具体标准和细则，且应优先重视人员标准。

（本研究特别鸣谢浙江省湖畔魔豆公益基金会的支持）

参考文献

1. 中国发展研究基金会. 惠育中国：甘肃华池县项目终期评估报告［R］，中国发展研究基金会，2017.

2. 岳爱，蔡建华，白钰，等. 中国农村贫困地区 0－3 岁婴幼儿面临的挑战及可能的解决方案［J］. 华东师范大学学报（教育科学版），2019，37（03）：1－16.

3. Grantham-McGregor, S., Cheung, Y. B., Cueto, S., Glewwe, P., Richter, L., Strupp, B. and International Child Development Steering Group（2007）. Developmental Potential in the First 5 Years for Children in Developing Countries［J］. The Lancet, 3699555：60－70.

4. Heckman, J. J.（2000）. Policies to Foster Human Capital［J］. Research in Economics, 54（1）：3－56.

5. Heckman, J. J.（2013）. Giving Kids a Fair Chance［M］. Boston：The MIT Press.

6. Landry, S. H., Smith, K. E., and Swank, P. R.（2006）. Responsive Parenting：Establishing Early Foundations for Social, Communication, and Independent Problem-solving Skills［J］. Developmental Psychology, 42（4）：627－42.

7. Luo, R., Shi, Y., Zhou, H., Yue, A., Zhang, L., Sylvia, S. and Rozelle, S.（2014）. Anemia and Feeding Practices among Infants in Rural Shanxi Province in China［J］. Nutrients, 6（12）：5975－5991.

8. Luo, R., Jia, F., Yue, A., Zhang, L., Lyu, Q., Shi, Y. and Rozelle, S.（2017a）. Passive Parenting and Its Association with Early Child Development［J］. Early Child Developmentand Care, 189（1）：1－15.

9. Luo, R., Yue, A., Zhou, H., Shi, Y., Zhang, L., Martorell, R., et al.（2017b）. The Effect of AMicronutrient Powder Home Fortification Program on Anemia and Cognitive Outcomes among Young Children in Rural China：a Cluster Randomized Trial［J］. Bmc Public Health, 17（1）：738.

10. Reynolds, A. J., Temple, J. A., and Ou, S. R.（2010）. Preschool Education, Educational Attainment, and Crime Prevention：Contributions of Cognitive and Non-cognitive Skills［J］. Children and Youth Services Review, 32（8）：1054－1063.

11. Sylvia, S., Warrinnier, N., Luo, R., Yue, A., Attanasio, O., Medina, A., et al.（2018）. From Quantity to Quality：Delivering a Home-based Parenting Intervention through China's Family Planning Cadres［R］. Working Papers of Department of Management, Strategy and Innovation, Leuven.

12. Walker, S. P., Wachs, T. D., Grantham-Mcgregor, S., Black, M. M., and Richter, L.（2011）. Inequality in Early Childhood：Risk and Protective Factors for Early Child Development

[J]. Lancet, 378 (9799), 1325 –1338.

13. Yue, A., Shi, Y., Luo, R., Wang, B., Weber, A., Medina, A., et al. (2019). Stimulation and Early Child Development in China: Caregiving at Arm's Length [J]. Journal of Developmental and Behavioral Pediatrics, 40 (6): 458 –467.

14. WHO. (2011). Guideline: Use of Multiple Micronutrient Powders for Home Fortification of Foods Consumed by Infants and Children 6 –23 Months of Age [EB/OL]. http://apps.who.int/iris/handle/10665/44651. Accessed 4 May. 2016.

15. Zhou, H., Sun, S., Luo, R., Sylvia, S., Yue, A., Shi, Y. and Rozelle, S, . (2016). Impact of Text Message Reminders on Caregivers' Adherence to a Home Fortification Program against Child Anemia in Rural Western China: A Cluster-randomized Controlled Trial [J]. American Journal of Public Health, 106 (7): 1256 –1262.

政策研究

Policy Study

发挥政策影响力，解决"最初一公里"问题

中国发展研究基金会路径

方晋　赵航

1. 案例背景

1.1　机构简介

中国发展研究基金会（以下简称基金会）是在国务院领导同志直接关怀下，由国务院发展研究中心于1997年11月27日发起设立并领导的，在民政部注册的全国性、公募型基金会，其宗旨是"支持政策研究、促进科学决策、服务中国发展"。基金会的资金主要来自国内

---

* 方晋，中国发展研究基金会副理事长兼秘书长。赵航，中国发展研究基金会儿童发展研究院义务教育研究室副主任。

外企业、机构、个人的捐赠和赞助。资金的主要用途是国际交流活动、人员培训和政策试验研究，奖励在政策咨询和相关学术研究领域做出突出贡献的人员，资助符合基金会宗旨的其他社会公益活动。2010年和2015年基金会被民政部评为"全国先进社会组织"。2019年和2024年基金会被民政部评为"中国社会组织评估等级4A级"，基金会儿童发展研究院荣获党中央、国务院授予的"全国民族团结进步模范集体"荣誉。

作为智库型基金会，中国发展研究基金会坚持以习近平新时代中国特色社会主义思想为指导，紧紧围绕国务院发展研究中心党组对基金会的职责定位要求，主动服务党和国家工作大局，业务内容主要包含国际交流、政策研究、社会试验三大板块。

国际交流工作以举办多种形式的高规格国际论坛及研讨会为主要形式。其中由国务院发展研究中心主办、基金会承办的中国发展高层论坛是两会后首个国家级大型国际论坛，旨在"与世界对话，谋共同发展"，是中国政府高层领导、全球商界领袖、国际组织和中外学者之间重要的对话平台。自2000年创办以来，中国发展高层论坛已成功举办23届，为推动中外发展政策交流与国际合作做出了积极贡献。习近平总书记曾向论坛2023年年会致贺信。

基金会的政策研究工作以调查研究生成旗舰研究报告为主要形式。研究领域广泛，包括产业发展、城镇化、公共治理、大健康等主要领域，以及环境、社会和公司治理（ESG）、绿色发展等新兴热点议题，并且持续聚焦中美关系问题研究。基金会参与国务院发展研究中心相关重大、重点课题，自设多项研究课题，相关研究成果为中央决策提供重要参考和支撑，2017年以来获中央领导批示28件，其中批示41人次、圈阅34人次。

社会试验工作是基金会业务中公益慈善性质最为突出的部分。基金会从 2005 年开始进行公平发展和共同富裕方面的工作，并开展了大量的试验性、政策性研究以改善中国儿童的发展状况，特别是农村欠发达地区众多留守儿童。基金会致力于推动中国儿童发展政策的制定和实施，对儿童发展领域的各个方面进行综合干预，追求公平和高质量的儿童发展，让欠发达地区的儿童也有一个公平的阳光起点。

1.2 社会试验项目简介

基金会的儿童发展领域社会试验项目以"服务可及、方法科学、成本合理、质量保证"为主要特点，以"追求公平和高质量的儿童发展"为主要目标，以"为了每个孩子的阳光起点"为口号，强调从母亲孕期到孩子就业的全过程干预，涉及儿童发展的营养、养育、教育、保护等各个领域，以欠发达地区农村儿童为主要对象，针对不同年龄段设计不同的公益项目。

目前，基金会正在运行的儿童发展社会试验项目共 15 个（图 1 列出了部分重点项目），共计覆盖全国 65 个县，约 410 万名儿童受益，累计撬动中央财政及地方财政资金 2 000 余亿元。基金会的社会试验影响力不断提升，试点内容持续扩展，项目惠及范围不断扩大，多次成功推动公共政策制定，形成了社会组织通过政策倡导解决"最初一公里"问题的路径（见图 2）。

2. 主要做法

党的十九届四中全会首次明确提出："重视发挥第三次分配作用，发展慈善等社会公益事业"。党的二十大报告指出，构建初次分配、再分配、第三次分配协调配套的制度体系，引导、支持有意愿有能力的企

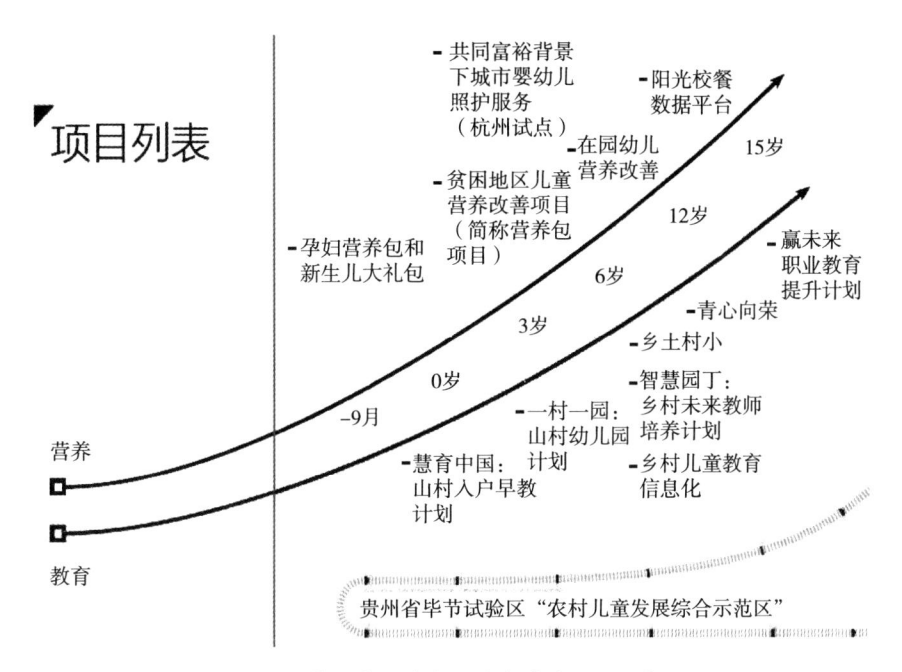

图1 基金会儿童发展社会试验项目总览

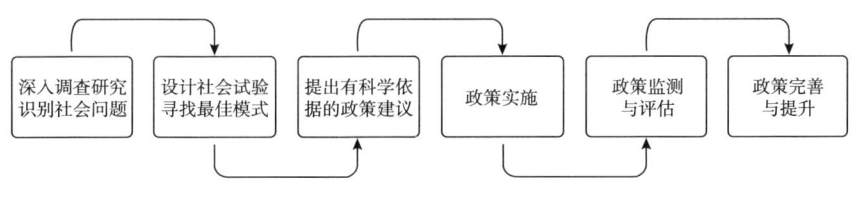

图2 基金会工作模式示意图

业、社会组织和个人积极参与公益慈善事业。因此，慈善被赋予了促进共同富裕、推动中国式现代化的重要使命。

公益慈善传统意义上被视为致力于解决社会问题，是公共政策和政府服务的有益补充。民政部相关文件提到了慈善的三个作用：促进精神文明建设，完善多层次社会保障体系，完善分配制度。但如果把公益慈善仅仅定位于拾遗补阙，那么捐赠总量不管是GDP的千分之二，还是财政支出的百分之一，其作用都非常有限。

要想最大限度地发挥作用，基金会认为公益慈善不仅要解决"最后一公里"的问题，而且要努力解决"最初一公里"的问题，主要做法是发挥公益慈善的政策影响力，通过第三次分配撬动再分配。

具体工作模式是通过深入的调查研究发现社会问题，设计干预模式，开展社会试验，基于实证结果提出政策建议；如果建议被政府采纳成为政策，所有的目标人群都会因此受益，而不仅仅是项目服务对象。政策出台以后，基金会继续监测评估政策实施效果；如果有仍需完善之处，基金会再进一步提政策建议，促进政策持续完善与提升。

按照此工作模式，2006年以来，基金会针对欠发达农村地区儿童发展状况，开展了"贫困地区寄宿制小学学生营养改善"、"一村一园：山村幼儿园计划"、"慧育中国：山村入户早教计划"、毕节试验区"农村儿童发展综合示范区"等一系列社会试验项目，产生了广泛的政策影响和社会影响。习近平总书记多次对基金会呈送的关于贫困地区儿童发展的研究报告作出重要批示。基金会儿童发展研究院获得"全国三八红旗集体"荣誉，"一村一园：山村幼儿园计划"先后荣获2018年世界教育创新峰会（WISE）教育项目奖以及2023年第十二届"中华慈善奖"。

其中，"阳光校餐数据平台"项目（以下简称阳光校餐项目）作为基金会的典型成功案例，完整地践行了基金会的工作模式全流程。本文将以阳光校餐项目为例，深入剖析基金会解决"最初一公里"问题的路径。

2.1 深入调查研究，识别社会问题，设计社会试验，寻找最佳模式

2006年，基金会赴广西壮族自治区都安瑶族自治县和那坡县实地

调研学生营养状况，贫困地区农村儿童发育迟缓问题突出，农村绝大多数学校基础设施落后，没有食堂，学生仅仅以盐水黄豆和米饭作为午餐，营养摄入量严重不足。当时中国农村欠发达地区儿童因家庭贫困而营养不良的情况较为普遍，对农村学生的学业表现和长期发展产生不利影响，这也成为家庭贫困代际传递的原因之一。解决欠发达地区贫困儿童的营养不足问题，对消除绝对贫困、提升人口素质有重要意义。

因此，基金会于2007年开始启动"贫困地区寄宿制小学学生营养改善"项目（以下简称校餐项目），与广西壮族自治区教育厅和河北省崇礼区政府签订合作协议进行试点，共挑选13所学校近2 000名学生开展对照试验。试验组学校建设学生食堂，配备厨师和营养食谱，每日供应免费营养午餐；对照组维持原有模式。在试点开始前，基金会参考世界银行、联合国儿童基金会等机构在世界范围内的儿童营养研究，设置了"儿童营养改善计划的国际比较""发展中国家儿童营养政策的比较研究"等多个研究课题，深入分析不同地区儿童营养改善计划的实践经验，并结合中国农村实际情况，设计了试点方案。

试点期间，基金会与中国疾病控制与预防中心（以下简称中国疾控中心）等部门合作，先后进行基线考察、中期评估和终期评估，重点监测了三个方面的多项指标：校餐供应情况（用餐人数、供餐次数等）、校餐营养标准（各类食物消耗量、营养素摄入量等）以及儿童体质（身高、体重、肺活量、体育测试成绩等）。评估结果显示，校餐项目对儿童营养摄入情况和健康水平均有显著的积极影响。干预前，农村学生体质体能均落后于全国平均水平，与城市儿童相差了2~3个年龄段；经过为期5个月的干预后，试点组体质显著改善。例如，儿童肺活量平均增长率显著高于对照组，12岁年龄段试点组儿童的肺活量较基线增长18.5%，学生精神面貌有很大提升，出勤率也较干预前有所提高。

2.2 提出有科学依据的政策建议，推动政策实施

2008年，基金会总结营养改善项目的试验结果，撰写了有关从农村寄宿制学校入手，实施国家儿童营养改善战略的研究报告，呈送中央。时任国务院总理温家宝，副总理李克强、回良玉和国务委员刘延东分别在基金会报告上作出重要批示，就此明确中央政府对儿童营养问题的关注，促成"农村寄宿学生生活补助"政策的出台。同年，党的十七届三中全会通过的《中共中央关于推进农村改革发展若干重大问题的决定》中提出"改善农村学生营养状况，促进城乡义务教育均衡发展"。这是党的历史上第一次将农村学生营养问题列入党中央的文件。

基金会始终高度重视研究工作对试点的重要意义，委托中国疾控中心、北京大学、中国人民大学等专家学者进行了一系列后续分析和评估研究，论证干预方案在国内不同经济社会条件的地区均具有可行性；并且赴全国各地对国家寄宿生补贴和学校供餐情况进行效果评估。

基金会同样重视国际交流与经验分享，先后赴泰国、墨西哥和美国调研考察，并于2011年举办"西部农村学校供餐机制"国际研讨会，就学校供餐的国际经验、中国的学校供餐探索、建立普惠制的西部农村学生的营养保障机制等主题进行了深入讨论。

基于持续深入的调查研究和国际交流，基金会于2011年撰写了有关农村学校寄宿生生活补贴政策落实情况和如何改进的调查研究报告，时任国务院总理温家宝、副总理李克强、国务委员刘延东作出重要批示。

基金会充分动员媒体的力量，提高社会公众对农村儿童营养问题的关注。2011年，根据基金会调研评估线索，财新传媒《新世纪》周刊

（现为《财新周刊》）以《营养的贫困》为题对西部农村地区学生营养问题进行专题报道；中央电视台以《西部学生"小餐桌"》为题进行持续五天的报道，引起社会各界关注；国内500多名新闻记者和数十家媒体联合发起了民间公益项目"免费午餐"计划。通过媒体的集中传播，农村儿童营养问题在短时间内获得广泛关注。

在基金会的持续推动下，根据国务院决策部署，2011年10月，教育部会同财政部等15个部门正式启动"农村义务教育学生营养改善计划"（以下简称营养改善计划）。这项政策覆盖了680个集中连片特困县的2 300万名义务教育阶段中小学生。中央财政为这些学生提供营养膳食补助，标准为每学生每天3元，全年中央财政资金总计支出160亿元。至此，基金会的试点成果经过多年努力，终于转化为全国性政策。

2.3 监测评估政策实施效果，持续促进政策完善与提升

自2011年国家"营养改善计划"实施后，基金会转为政策支持者的角色，将项目目标从"推动政策实施"调整为"促进政策完善"，将项目内容从"为儿童提供校餐"调整为"推动政策效果提升"。

通过调查研究，评估政策效果，推动政策完善。2012年，基金会受教育部全国学生营养改善计划领导小组办公室（以下简称全国营养办）委托，开展"农村义务教育学生营养改善计划实施情况"的评估工作，并于次年的中国学生营养日当天，在北京发布了《农村义务教育学生营养改善计划评估报告》。

2014年，全国政协副主席李海峰带队赴云南视察营养改善计划实施情况，中国发展研究基金会受邀参加。考察团提交的报告建议，根据当时的物价水平，膳食补助标准应由人均3元提升到4元。同年，国家采纳考察团建议，将营养改善计划国家试点地区补助提高到4元。

利用信息化手段监测政策执行情况，提高及时性，扩大监测范围。 2015年，受教育部全国营养办委托，基金会设立"阳光校餐"数据平台，监督营养改善计划政策落实的情况，客观、科学地反映其他贫困地区学生的营养补充所起到的作用，并提出政策建议。这是国内首次通过手机应用程序、互联网和大数据等技术实时公开监督、评估民生政策落实情况与效果的项目，其目的在于保障营养改善计划的资金安全、食品安全，确保学生营养状况得到改善。截至2022年底，"阳光校餐"数据平台覆盖13个省的100个县的9 200余所学校，超过300万名学生受益。

"阳光校餐"数据平台由四个部分组成：面向用户的手机应用程序、用于存储和处理数据的数据仓库、面向基金会内部的管理后台、面向公众的项目官网（见图3）。

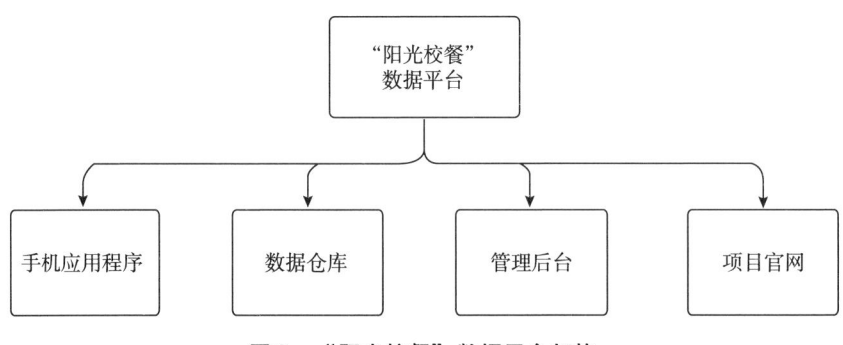

图3　"阳光校餐"数据平台架构

试点学校教师每日通过手机应用程序上传该学校每日营养改善计划实施数据，包括食品采购金额与数量、食材消耗量、全校用餐人数、学生用餐照片等。相关数据信息通过数据仓库的运算系统进行实时统计分析，包括各校每日食品采购价格是否合理、人均各类食物与营养元素的摄入情况是否达标、膳食结构是否科学等方面，并为每校自动生成带有分析结果的供餐日报推送到各校账号中。基金会工作人员通过管理后台对学校账号进行管理，查看分析结果并定期向学校、县教育局、省级有关部门反馈，指导学校提升供餐质量，并定期发布项目评估报告，为相关政策的制定与推进提供有力支持。社会公众则能够实时从项目官网上查看每一所学校的每日菜谱和用餐照片，对学校的营养餐进行监督。

依托"阳光校餐"数据平台，基金会更好地为营养改善计划政策的完善与提升建言献策。2017年，基金会在营养改善计划实施五周年之际，根据平台监测结果和实地调研数据发布了《农村学生营养改善进展》报告，指出贫困地区学生体质有了明显改善。2021年，在营养改善计划实施十周年之际，基金会在教育部全国营养办委托下，再次对营养改善计划进行大规模调研评估，发布了《农村义务教育学生营养改善计划评估报告（2021）》，并根据评估结果向党中央、国务院提交了阶段性评估报告，建议在"十四五"规划伊始，将膳食补助标准由4元提高至5元。该建议得到采纳，同年9月秋季学期起，膳食补助标准提高至5元。

开展公益活动，助力政策实施质量提升。基金会在长期追踪评估中发现，营养改善计划实施以来成效显著，贫困地区农村学生的体质有了明显改善，但供餐质量仍然有待提升，主要原因包括：①部分食堂基础设施建设仍然不足，②工勤人员配餐水平以及营养知识存在短板，③部分学校的营养餐油盐过重、钙和维生素摄入不足。

因此基金会提出"阳光校餐提升计划"，通过开展公益活动助力营养改善计划的质量提升，内容包括为项目试点学校捐赠资金进行食堂建设和改造；为项目试点县教育局负责人、学校营养餐负责人、食堂工勤人员等提供线上线下相结合的系列营养健康知识培训；在项目试点县开展"阳光校餐 科学控盐"行动，探索以营养餐为抓手，减少农村儿童盐摄入量的有效途径；等等。

至此，阳光校餐项目形成了以各级政府主导政策执行、以基金会提供政策支持的项目模式（见图5）。中央政府为营养改善计划制定管理规范并提供资金；地方政府负责设计具体方案并落地执行；基金会对政策执行情况和效果进行日常监测与定期评估，并通过开展公益活动助力营养改善计划质量提升。

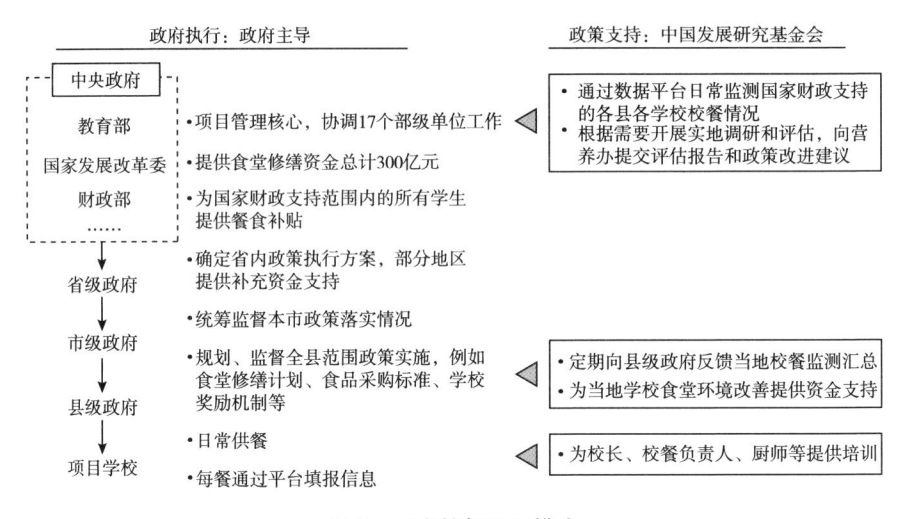

政府执行：政府主导	政策支持：中国发展研究基金会
中央政府（教育部、国家发展改革委、财政部……） • 项目管理核心，协调17个部级单位工作 • 提供食堂修缮资金总计300亿元 • 为国家财政支持范围内的所有学生提供餐食补贴	• 通过数据平台日常监测国家财政支持的各县各学校校餐情况 • 根据需要开展实地调研和评估，向营养办提交评估报告和政策改进建议
省级政府 • 确定省内政策执行方案，部分地区提供补充资金支持	
市级政府 • 统筹监督本市政策落实情况	
县级政府 • 规划、监督全县范围政策实施，例如食堂修缮计划、食品采购标准、学校奖励机制等	• 定期向县级政府反馈当地校餐监测汇总 • 为当地学校食堂环境改善提供资金支持
项目学校 • 日常供餐 • 每餐通过平台填报信息	• 为校长、校餐负责人、厨师等提供培训

图5 阳光校餐项目模式

3. 主要成效

3.1 以社会试验推动政策实施完善，解决"最初一公里"问题

基金会的公益慈善活动以社会试验的形式开展，以研究评估总结项目模式和经验，通过呈送政策报告的方式，推动国家或地方政策的出台与完善。阳光校餐项目是基金会工作模式的成功案例，于2011年推动国家"农村义务教育学生营养改善计划"政策的出台，这是目前为止

针对（原）贫困地区农村儿童最大的中央财政资金投入项目，并于2014年和2021年两次推动膳食补助标准从3元提高到4元，再提高到5元。除阳光校餐项目外，其他项目也取得了丰硕的成果。基金会基于社会试验项目提交的政策报告，多次得到习近平总书记的重要批示和圈阅，直接促成了《国家贫困地区儿童发展规划（2014—2020年)》等重要政策的出台。

3.2 利用有限的公益慈善投入发挥最大的政策影响力

基金会通过小范围试验性的公益慈善活动，推动全国性政策的出台与政府资金的投入，利用公益慈善的政策影响力，通过第三次分配撬动再分配，极大地扩展了受益人群。阳光校餐项目最初试点仅投入捐赠资金1 000万元，当营养改善计划政策实施后，中央财政截至2021年底累计投入超过2 000亿元。阳光校餐项目最初试点仅2个县、13所学校、约2 000名学生受益，而2022年全国已有28个省份的1 739个地区实施营养改善计划，覆盖学校1.72万所，每年超过3 000万农村儿童受益，累计受益学生达3.5亿人次。[①]

3.3 通过深入的调研评估，科学论证项目效果

除了受益人数量、项目覆盖范围等传统公益项目结果指标外，基金会重视通过独立或委托外部专家学者开展调查研究的方式论证项目效果，并根据评估结果进行政策倡导。2021年基金会评估结果显示，营养改善计划实施10年来成效显著，学生的体质健康、运动能力、学习能力都有了显著提升，农村学生体质实现"追赶性生长"。例如，2020年农村15

---

① 数据来源：教育部全国学生资助管理中心《2022年中国学生资助发展报告》。

岁男生、女生身高比 2012 年分别高出近 10 厘米和 8 厘米，体质健康合格率从 2012 年的 70.3% 提高至 2021 年的 86.7%；营养改善计划的实施彻底改变了农村学生以往每天只吃两顿饭的不良饮食习惯，基本实现了"一日三餐有保障"，在饮食规律的基础上，饮食质量也有了明显改善；学生在学校吃饭减轻了家庭生活负担，一些家长因此找到了稳定就业的机会，增加了家庭的收入；食堂供餐需要大量的工勤人员，根据受益学生数测算，营养改善计划的落实提供了约 29 万个就业岗位，其中 84.1% 为女性，39.6% 为在校学生家长，为妈妈提供了留在孩子身边的就业机会；营养改善计划作为义务教育阶段政策体系的重要组成部分，不仅促进了教育公平，更提高了教育质量；同时带动了当地的农业、运输、食品加工的发展，为集中连片特困地区的经济发展带来了契机。

基金会的其他项目也通过科学评估证明了项目对儿童产生的有效影响。例如"慧育中国：山村入户早教计划"的研究显示，接受项目入户家访干预的儿童，在认知能力、语言能力、动作能力、社会情感、适应行为五个方面的发育迟缓比例都显著低于对照组儿童。

4. 经验和启示

4.1 以调查研究为项目设计、发展和改进提供支持，设计科学、可行的干预策略和详细方案

基金会无论是在项目设计之初，还是项目运行过程中，都始终重视调查研究的重要作用，与高校、机构、国际组织等专家和学者开展长期深入合作，整合国内外资源与经验，采用文献分析、问卷调查、实地调研、国际研讨会等多种方式，结合项目地区的实际情况，设计科学、可行的干预策略，并通过定期的持续评估监测及时对项目设计进行调整，

保证项目的可操作性、可持续性和可复制性。

4.2 具备畅通的政策建议渠道，面向政府决策部门进行倡导

中国发展研究基金会是由国务院发展研究中心发起设立和领导的基金会，各项工作也得到国务院发展研究中心的指导和支持，其研究成果和政策建议具有畅通的渠道提交给中央政府决策部门。同时，基金会在项目开展过程中，与地方政府也建立了良好的合作关系，地区性的政策建议也有畅通的渠道。这为基金会发挥公益慈善项目的政策影响力奠定了基础。

4.3 充分调动政府、学校、企业、社会组织、国际组织和家长等相关方的参与意愿，在各方共同努力下，建立较为完善、行之有效的项目执行和监管机制

基金会在开展公益项目的过程中，积极动员各关键相关方的积极性，并与之建立紧密、互信的合作关系。基金会的公益慈善项目以县域为基本单位，与县教育局、县卫健局等政府部门签订合作协议，充分调动县级行政力量开展项目工作，建立一个完善的项目实施体系，明确各相关方权力责任，确保各方长期、有效的投入；尊重各地经济、文化发展的差异性，因地制宜调整执行机制，探索不同环境下政策实施可能的困难与解决方案，为后续政策在全国落地时如何灵活解决各地具体问题积累经验；广泛动员政府部门、企业、社会组织、国际组织、学生家庭等多种力量，各取所长，为项目的实施提供更多资金和资源支持。

4.4 利用信息系统进行大范围、高效的项目监测，提升公益项目的执行和管理水平

随着信息化社会的发展，基金会越发重视利用信息技术助力公益慈

善和自身发展，主要体现在四个方面。第一，基金会利用信息技术开展公益慈善领域的政策评估和政策倡导。以阳光校餐项目为例，基金会通过大数据收集和实时分析的手段，准确及时地了解不同地区项目执行情况、监测项目成果及政策执行情况。第二，基金会开展以信息化、数字化为主要内容的公益项目。目前主要聚焦农村义务教育阶段儿童和教师的教育数字化议题。第三，基金会利用信息化手段提升公益项目的执行和管理水平，例如"慧育中国：山村入户早教计划"搭建了项目数据平台，以"前端微信小程序录入－后台数据库统计分析"的形式，持续对项目进行管理及监测，集信息存储、项目管理、统计分析、反馈服务四大功能为一体，完全通过信息化手段进行项目综合管理。第四，基金会加强自身信息化建设，助力公益项目的学术研究和政策研究。建设基金会儿童发展数据库，实时记录、存储项目数据，导入、合并调研评估数据，为项目人员提供丰富的研究材料，持续改进数据质量；加强数据库的分析平台建设，逐步实现数据可视、共享和交互效果，支撑项目数字化发展，逐步推动机构数字化转型。

4.5 调动新闻媒体集中关注，扩大社会影响力

基金会在项目实施过程中，始终重视与新闻媒体的合作，长期与央视、财新传媒、经济日报社、微博、抖音等媒体保持良好的合作关系，在实践基础上，对项目进行广泛、真实的宣传，突出项目成果与有效性，不讳言挑战，恰当表达需求，争取社会各界资金与资源支持，提高公众对相关议题的关注度，推动政策的出台与完善。

5. 发展方向

当今世界百年未有之大变局正在加速演进，我国发展进入战略机遇

和风险挑战并存时期。党中央统筹国内国际两个大局，提出以中国式现代化全面推进中华民族伟大复兴的宏伟目标，坚定不移深化改革开放，加快构建新发展格局，推动高质量发展。基金会面临新形势新任务新要求，在服务中央决策的科学化、民主化和对外讲好中国故事等方面大有作为、大有可为。

5.1 提高政治站位，心系"国之大者"，坚守人民立场，坚持守正创新

强化党建引领，将党建工作与基金会业务工作深度融合，确保基金会正确政治方向。胸怀"两个大局"，将自身发展与国家发展紧密融合，从为中央、为国家服务的高度统筹谋划部署落实各项工作。落实以人民为中心的发展思想，坚定践行为人民谋幸福的价值追求，把增进人民福祉、促进人的全面发展作为一切工作的出发点和落脚点。保持核心业务持续做优，在继承发展的基础上，创造性地把各项任务抓实抓好，努力探索新亮点、新途径、新方法，大力推进理念创新、内容创新、手段创新、体制机制创新。

5.2 为探索中国特色新型智库建设提供新的发展思路借鉴

基金会继续优化"国际对话＋社会试验＋政策研究"的独特业务模式，基于社会试验的长期深耕与基层数据积累，聚焦特定领域公共政策研究以服务于政策制定与调整，总结社会试验和政策研究成果，通过国际平台传播基金会深度参与的中国特色公平发展实践，在国际交流中碰撞研究新想法新议题，挖掘社会试验新合作空间，反哺社会试验与政策研究，形成良性发展闭环。

5.3 进一步完善、发展社会试验项目

优化社会试验方法。依据试点项目特点和需求,匹配适合的社会试验方法,系统整理并固化相关方法论,争取对现有社会试验方法进行创新改进优化。

加大社会试验研究产出。对现有社会试验项目的干预成效开展系统性评估和经验总结,注重自身研究团队建设以及与外部研究团队协作,突出智库叠加公益慈善特色,发挥长期扎根基层的网络和能力,持续挖掘、培育依托中国实践且具有全球推广可能的优质成果,进一步推动研究成果转化为政策。

社会试验领域创新。优先考虑有强烈试点需求、影响国计民生的议题,围绕社会公平发展,思考可能扩展的话题,并评估其使用社会试验方法的可行性、社会各方的响应度、政策需求的迫切度,持续在新领域拓展并深耕社会试验项目,逐步建立新领域的行业影响力。

完善项目评价体系。完善整体系统性的项目评估工作,建立社会试验项目评估方法,构建研究产出、政策影响力相关评价指标,为在不同类型社会试验项目之间进行有效的资源分配提供评价依据与参照。

强化社会试验成果系统展现。深耕社会试验积累的经验和成果,选取试验中的优质成果与典型案例,提升优质成果的全球推广性和传播性,构建领域话语权。

拓展国际社会试验。进一步与国际公益慈善机构开展合作,推介已有中国经验;以国际性论坛为公益慈善对外的窗口,展示系统性减贫和公平发展的发展成果。促进公益慈善民间外交交流,加强社会试验与国际交流的业务协同。

促进欠发达地区学前教育高质量
发展的挑战和建议

杜智鑫　丁玲

欠发达地区的学前教育发展历来是我国教育事业的难点。当前，欠发达地区学前教育事业还面临着普遍的"最后一公里"问题，同时，师资队伍有待提高，经费投入结构有待完善，资源配置有待优化。这些问题阻碍了欠发达地区学前教育的高质量发展，不利于人力资本积累，也有失社会公平。国家应高度重视并尽快制定和出台有针对性的政策措施。

1. 投资欠发达地区学前教育有显著的社会投资收益

中国发展研究基金会（以下简称基金会）自2009年起在欠发达地

---

* 杜智鑫，中国发展研究基金会儿童发展研究院常务副院长。丁玲，中国发展研究基金会儿童发展研究院项目主任。

区开展"一村一园：山村幼儿园计划"项目，弥补了西部农村地区村级幼儿园的空白。2023年，基金会委托中国人民大学对该项目进行独立第三方评估。评估报告显示这一项目有着显著的社会投资回报，促进了当地学前教育的普及，对儿童的学业和非认知能力有长期显著的影响，减轻了项目家庭的经济负担，促进了当地就业。

1.1 "一村一园：山村幼儿园计划"

我国西部欠发达地区地形以山区为主，居住分散，交通不便，幼儿园开办在乡镇使得很多村里的3~5岁幼儿无法就近入园，缺乏接受学前教育的机会。基金会的调研结果显示，未接受早期教育的农村儿童语言发展水平不足城市同龄儿童的60%，认知发展水平仅相当于城市同龄儿童的40%。基金会自2009年开始与地方政府合作，开展"一村一园：山村幼儿园计划"（以下简称一村一园），利用农村闲置校舍等资源，招募本地幼教专业毕业生在村开办幼儿园，逐步走出一条以"分散设点、就近入园、成本可控、质量保障"为特点的村一级学前教育普及模式。一村一园项目弥补了西部农村地区村级幼儿园的空白。目前，该项目已累计在全国11个省31个县开办了2 200多所山村幼儿园，超过20万幼儿从中受益，多地将此模式纳入地方学前教育发展政策。

其中，乐都区一村一园项目开展得最早也最为典型。2008年的青海省乐都县（后改为海东市乐都区）为国家级贫困县，学前三年毛入园率仅47%左右，乡镇以下几乎没有任何学前教育服务。乐都区实施一村一园项目后，农村学前教育覆盖率、普及率和幼儿发展水平大幅提高，全区学前入园率从2009年的50.35%提高到2023年的99.50%，实现了学前教育普及目标。乐都区一村一园项目主要帮助当地经济条件和抗风险能力最弱的家庭中的孩子①,这些农村儿童面临早期家庭教育的不利影响,尤其需要政府在家庭以外给他们提供可获得的学前教育服务,保证幼儿接受有质量的早期启蒙教育。

1.2 一村一园项目长期效果显著

国际上诸如佩里实验等研究表明学前教育的影响贯穿人的一生,学前教育项目评估亟须来自发展中国家的证据,尤其是来自中国的证据。2023年,基金会在一村一园项目代表地区青海省海东市对乐都区和民和回族土族自治县(以下简称民和县)九所高中三个年级开展抽样调查,共回收学生样本8 835份,研究结果表明一村一园项目有长期显著效果。

首先,一村一园项目显著提升农村地区适龄儿童学前教育普及率。乐都区和民和县作为海东市的两大县区,基本经济情况较为相似。然而乐都区自2009年开展了一村一园项目,民和县并没有开展类似的村级学前教育项目。调查结果显示,两县未接受学前教育的比例均逐年下降,但乐都区的相对下降速度是民和县的4.6倍②,说明该项目显著提升乐都区农村适龄儿童学前教育普及率。

其次,一村一园项目对儿童学业表现有显著的长期正向影响。该项目显著增加学生进入高等院校的概率。在县城公办园经历、县城民办园经历、镇民办园经历、一村一园经历、未接受学前教育五个类别中,一

---

① 参与一村一园项目的儿童家庭建档立卡户比例比县城公办园、县城民办园和镇民办园儿童分别高15%、14.2%、11.9%。儿童的父母至少有一方受初中及以上教育比例比县城公办园、县城民办园和镇民办园分别低19.5%、13.2%和9.9%。
② 乐都区高三至高一年级学生未接受学前教育的占比分别为18.51%、7.52%和2.88%,平均相对下降速度为60.54%,民和县高三至高一年级学生未接受学前教育的占比分别为63.79%、53.55%和47.97%,平均相对下降速度为13.23%。

村一园经历学生进入一本及以上学校的概率,仅次于接受当地最优质学前教育的学生,比县城民办园经历学生、镇民办园经历学生、未接受学前教育学生分别高5.7%、6.7%、9.6%。

一村一园经历对不同学段的成绩影响存在累积优势,在初中阶段影响最显著。将学生各阶段考试成绩转化为标准分进行比较,一村一园经历学生在一年级、小学升初中、中考三个阶段的标准化成绩均显著高于未接受学前教育学生。控制学生个体、家庭等变量之后,回归结果表明一村一园对学生的学业表现在初中阶段的影响最显著。在初中阶段,一村一园项目的学生在学业表现(中考成绩)上是所有类型学生中最优的③,与无学前教育学生相比,一村一园项目的学生上普通高中和市重点高中的概率分别高12%和5.4%,留级概率低8%。

再次,一村一园项目对部分非认知能力长期有显著正向影响。一村一园项目的学生部分非认知能力甚至好于当地县城公办园经历学生。在大五人格尽责性、自尊、自控力和坚毅力四方面,一村一园经历学生得分均高于县城公办园学生。④ 与无学前教育经历相比,一村一园项目能提升学生社交能力。在好朋友数量以及利他性方面,一村一园项目的学生均显著高于无学前教育学生。⑤

---

③ 一村一园经历学生分别显著高于县城公办园、县城民办园、镇民办园和未接受学前教育学生0.049、0.044、0.081和0.189个标准差。

④ 一村一园经历学生在大五人格尽责性、自尊、自控力和坚毅力四方面分别显著高于县城公办园学生0.065、0.099、0.030和0.185个标准差。

⑤ 控制学生年龄、性别、民族、户口类型、父母受教育程度、父母职业、是否属于建档立卡户和家庭资产后,通过在OLS模型中设置虚拟变量检验学前教育类型对坚毅力和学生人际关系的影响,发现与无学前教育经历的学生相比,山村幼儿园可显著提高亲社会行为中的利他性得分和好朋友数量,且在10%和5%的水平下显著。

最后，该项目减轻了家庭经济负担，促进了当地年轻人的就业和成长。据乐都区教育局测算，项目中的家长如果到镇上或县城租房让孩子上幼儿园，一年需要支出房租约4 000元、保教费2 000元、生活费4 000元。一村一园项目为农村家庭每年节省大约1万元的潜在学前教育支出，给群众带来实实在在的获得感。

乐都区山村幼儿园目前的175名志愿者教师均为当地大中专毕业的年轻人。招募本地年轻人不仅为当地提供了就业岗位，同时也减轻了教师流失问题。80多名中等职业学校毕业的志愿者教师通过在岗学习取得大专学历，76.8%的志愿者教师考取了幼儿教师资格证。工作5年以上的志愿者占总数的88.6%。15年来，该项目为当地培养了一支高稳定性的乡村幼儿园骨干教师队伍。

2. 当前欠发达地区学前教育高质量发展面临的挑战

2.1 欠发达地区学前教育普及的"最后一公里"问题仍有待解决

随着全国三期学前教育行动计划的实施，近十年来欠发达地区的学前教育得到了快速提升。但因各种条件限制，欠发达地区学前教育普及的"最后一公里"问题仍有待解决。首先，当前全国学前教育普及率达到89.7%，还剩10.3%的适龄儿童没有入园，主要原因在于地理位置偏远、交通不便、缺乏村级学前教育资源。其次，部分偏远山区、牧区三年完整学前教育普及率仍不高。基金会2020年开展的脱贫地区儿童早期发展调查显示，2020年脱贫地区学前三年毛入园率为79.6%，低于2019年全国平均水平约4个百分点。脱贫地区学前三年毛入园率还存在较大区域差异，中部地区最高近95%，西南地区最低仅为

66.1%，与全国平均水平相差近17个百分点。不同年龄儿童的入园情况也存在较大差异，西南和西北地区3岁与4岁儿童入园率分别仅为59.6%和64.5%。最后，普惠性资源缺乏，"低价优质"学前教育资源相对不足。虽然整体入园规模明显增长，入园机会得到改善，但可获得、可支付、就近便利的普惠性学前教育资源相对缺乏。

2.2 欠发达地区学前教育师资与城镇地区仍有差距

近年来，欠发达地区幼儿园教师队伍建设有了明显进步，但城乡差距依然显著，欠发达农村幼儿园师资队伍数量和质量仍需进一步加强。东北师范大学报告显示，"十三五"期间约55%新增专任教师集中在城区，农村幼儿园专任教师数量增长缓慢。在生师比方面，2010年到2019年我国农村地区幼儿园生师比大幅下降，从49.27∶1下降到22.27∶1，但与城区（13.96∶1）、镇区（17.57∶1）相比，仍有较大差距。除教师数量分布不均之外，教师质量也有差异。2020年全国学前教育专任教师中拥有大专及以上学历的比例为85.01%，其中城区为90.34%，乡村为73.47%，乡村比城区低16.87个百分点。

同时，在人口出生率持续走低的情况下，部分地区将会出现专任教师过剩的情况。教育部的数据显示，2022年我国共有专任教师324.4万人，全国专任教师数量已基本饱和。⑥ 结合专业机构人口出生低预测、中预测数据⑦，按毛入园率100%静态测算，维持目前生师比不变，到2030年将有134万~171万幼儿园专任教师面临失业。

---

⑥ 全国专任教师数量与在园幼儿总数之比为1∶14.26，已基本达到《县域学前教育普及普惠督导评估办法》中规定的1∶15，这表明全国专任教师数量已基本饱和。

⑦ 2024—2030年出生人口低预测、中预测数据来源：育娲人口研究智库。

2.3 欠发达地区学前教育投入不足，投入结构有待完善

从经费投入来看，2021年全国农村学前教育经费投入2 056亿元，其中财政性学前教育经费1 260亿元，占比61.28%。国家财政性经费投入占农村学前教育经费投入的比例基本呈稳步增长趋势，但与其他学段相比，学前教育财政性经费占比仍远低于农村小学（95.53%）、农村初中（92.96%）、农村高中（80.47%），这也意味着家庭分担比例较高，容易给家庭造成负担。

学前教育经费投入主要集中于硬件方面，如新建园所房屋与环境改造，对班级中的图书资源、玩教具、游戏材料等软性投入不足。同时，对人力资源的投入尚不充分，表现在农村幼儿园教师配备不足、教师薪资低、教师培训机会少质量低等方面。

2.4 农村人口流动加剧，学前教育资源面临调整优化，婴幼儿早期照护服务需求强烈

第七次全国人口普查数据显示，农村留守儿童与祖父母居住的比例较2010年下降5.57个百分点[8]，意味着农村儿童更多选择随父母向城市迁移流动。据21世纪教育研究院的研究显示，2021年城区、镇区幼儿园数量保持增长态势，而乡村幼儿园数量第一次出现下降，比2019年下降约2.9%。未来随着我国城镇化率进一步提高，学前教育资源"城区挤、乡村空"的格局不断强化，需要及时对乡村幼

---

[8] 数据来源于《2010年中国儿童人口状况：事实与数据》与《2020年中国儿童人口状况：事实与数据》，2010年农村留守儿童与祖父母居住的比例为32.67%，2020年农村留守儿童与祖父母居住的比例为27.1%。

儿园的布局和功能进行合理规划，避免现有幼儿园出现"闲置"和"浪费"。

实现人口高质量发展，儿童早期发展服务不仅包括3~5岁学前教育，还应向0~3岁婴幼儿早期照护服务延伸。国家卫健委数据显示，截至2022年底，每千人托位数约2.5个，距离"十四五"期末的4.5个托位目标还有较大差距。托育服务目前在城市发展较快，而在欠发达地区基本处于"空白"状态。国家卫健委等17个部门2022年出台的《关于进一步完善和落实积极生育支持措施的指导意见》，鼓励和支持有条件的幼儿园招收2~3岁幼儿，村级园开办托班不仅有助于留住幼儿园保住教师就业，还有助于减轻农村家庭照顾负担，提高家庭生育意愿。

3. 建议

我国要实现基本现代化和共同富裕，今天的欠发达地区儿童不能被落下。当前亟须补足学前教育短板，推进欠发达地区学前教育高质量发展，我们建议：

3.1 国家在欠发达地区率先实行普惠的3年免费学前教育，确保"一个都不能少"

"一村一园"研究表明，欠发达地区的学前教育有着长期显著的积极社会影响和回报，是重要的人力资本投资。在当前我国还有约10%适龄儿童尚未入园，欠发达地区适龄儿童数量日益下降的情形下，国家应该在欠发达地区率先实行普惠的3年免费学前教育，确保"一个都不能少"。加大国家学前教育投入向欠发达地区倾斜，建立财政专项，按照人头进行投入。如为原贫困地区⑨农村儿童实行普惠的3年免费学前教育,按教育部2022年学前教育生均经费10 198.39元进行测算,共需约415亿元经费。⑩ 2022年全国学前教育经费总投入为5 137亿元,415亿仅占比8%,中央财政可负担,且符合学前经费向农村倾斜的政策方向。

3.2 优化学前教育资源布局,着力提升欠发达地区农村学前教育质量

各个省、自治区、直辖市的教育部门应加强与人口部门的联动,结合本地新生人口和流动人口趋势,以及本省城乡结构等因素,科学调整学前教育的规划与布局。同时,欠发达地区农村学前教育尤其是村级幼儿园具有"教师少、基础设施少、投入少"等特点,教育部门应积极探索富有乡村和地方特色的课程和教材,推进"小园小班"建设,为农村儿童提供更好的成长环境。充分发挥现有县城优质幼儿园的示范带动作用,向村级幼儿园传输先进的办园理念,鼓励送教下乡、送教入园,提升农村幼儿园的办园软实力。此外,应吸取义务教育阶段经验,避免因过快撤并村级幼儿园出现寄宿

---

⑨ 数据来源于《2020年中国儿童人口状况:事实与数据》。原贫困地区是指592个国家扶贫开发工作重点县,以及《中国农村扶贫开发纲要(2011—2020年)》中划分的11个集中连片特困地区,加上西藏、四省藏区和新疆南疆三地州,共计14个片区680个县。去除二者重合的440个县,原贫困地区共覆盖832个县。

⑩ 数据来源于《2020年中国儿童人口状况:事实与数据》。2020年全国儿童29 766万人,原贫困地区儿童占全国儿童人口21.9%,其中57.8%的儿童生活在农村。2020—2022年,全国出生人口共3 218万人,按以上比例估算,原贫困地区儿童有704.742万人,生活在农村的儿童有407.3万人,按生均10 198.39元测算,共需约415亿元经费。

制、大班额、租房上学等问题，保证欠发达地区学前教育普惠发展的兜底和扫尾工作。

3.3 加强欠发达地区学前教育教师队伍建设，鼓励"富余"幼教老师到欠发达地区服务

尽管当前全国的在园幼儿不断减少，但对于欠发达地区而言，专任教师和保育员依然不能满足要求。为此，需要多渠道培养、补充学前教育专任教师和保育员。一是鼓励当前由于招生减少已经"富余"的幼教老师到欠发达地区服务。二是考虑事业编制向学前教师倾斜，义务教育阶段富余教师编制优先用于村级公办幼儿园，提高幼儿园教师编制比例。三是建议参照义务教育教师待遇，逐步提升幼儿园教师待遇，保障公办幼儿园教师享受同等待遇。四是以幼儿园等级评定和年度检查等为抓手，促进幼儿教师社保购买率、公积金购买率等福利性指标持续提升，督促和激励各地最大限度保障幼教老师权益。此外，进一步加大欠发达地区幼教老师的职业培训力度，在实施好"中小学教师国家级培训计划"的同时，师范院校可通过线上形式提供针对农村幼教老师的培训课程，区县可结合当地农村学前教育发展水平和突出问题开展专项培训，通过脱产学习、跟岗培养、巡回交流等方式，为农村学前教师专业发展提供支持。

3.4 探索农村学前教育发展"弹性"机制，形成托育一体化发展

鼓励有场地、有条件的农村幼儿园创新办园形式，开发托育一体化幼儿园。在当前城镇化进程加快和农村人口出生率大幅下降的背景下，村级幼儿园的设施和服务可以向下延伸，为 0~3 岁的婴幼

儿提供早期托育服务，形成0~6岁托育一体化发展，优化农村儿童早期发展教育资源配置。同时，主管0~3岁托育和3~6岁幼儿园教育职责分属于卫健委和教育部，职能管理部门还应打破制度壁垒，加强协作，为推进托育一体化发展，畅通体制机制。

城镇化背景下人口流动对儿童发展状况影响与挑战

段成荣 梅自颖 吕利丹 王旭

1. 受人口流动影响儿童产生的社会背景

1.1 从乡土中国向迁徙中国的转变

新中国成立以来，我国经历了历史上最快的经济发展以及最深刻的

---

* 段成荣，中国人民大学人口与发展研究中心、铸牢中华民族共同体意识研究院教授。梅自颖，中国人民大学人口与健康学院博士研究生。吕利丹，中国人民大学人口与发展研究中心、铸牢中华民族共同体意识研究院副教授。王旭，联合国儿童基金会驻华办事处项目官员。

** 基金项目：教育部人文社会科学重点研究基地重大项目"中国人口迁移转变的道路与理论研究"（2023IJY0055）。

社会变迁。我国经济持续增长，人民的生活、收入、健康和教育水平均显著改善；人口发展模式也发生了深刻变化，表现在人口的增长速度放缓、人口年龄结构老化和城镇化水平大幅度提高等方面。与此同时，我国人口还经历了一个隐性的、不被人们关注的但已经悄然完成的重要变化——人口空间运动形态的变化，即从人口低流动性到人口高流动性的转变，从乡土中国到迁徙中国的转变。

1.1.1 我国历史上的人口迁移流动

人口低空间流动性是数千年乡土中国的人口特征。回顾我国历史上的人口迁移流动，社会对此持排斥的态度。其根源在于我国社会生产中农业生产长期占据核心地位，而农业生产的主要生产要素土地是固化的，这使得劳动力和人口长期居住、生产、生活于相对固定的地区，人口的空间流动性较低，人口迁移活动较少发生。[①] 费孝通先生的"乡土中国"概念高度概括了中国人口的这种低空间流动性特点。我国几千年来的乡土社会崇尚传统"静文化"，形成生于斯、长于斯、死于斯的熟人社会，带来广泛深刻的文化和社会心理影响。

人口的低空间流动性并不意味着当时的中国人口不迁移不流动，也不意味着中国人口的空间分布格局在历史上是固定不变的。秦汉以来，我国发生过多次较大规模的人口迁移事件，对历史发展进程影响较为深远的包括西晋后期"永嘉之乱"后人口从中原向南方的迁移、唐朝"安史之乱"后的汉人南下迁移、宋朝"靖康之难"后北方人口的南迁、明朝初期的人口大迁移，以及著名的闯关东、走西口、下南洋等较大规模的人口迁移活动。纵观这些人口大规模迁移事件，主要发生在重

[①] 段成荣，吕利丹，王涵，等. 从乡土中国到迁徙中国：再论中国人口迁移转变[J]. 人口研究，2020，44（01）：19-25.

大自然灾害、剧烈社会动荡或残酷战争期间及其后，这些迁移流动是被动发生的，流动的动力机制主要来自社会情景变化下的被动选择。

1.1.2 改革开放以来的人口迁移流动

直到改革开放之初，我国人口的空间流动性仍然很低，较少发生人口迁移和流动。1982年全国第三次人口普查数据显示，全国只有657万流动人口，占全国人口的0.7%。1988年"全国生育节育抽样调查"数据显示，全国人口中85.1%在调查时居住在他们出生地所在县之内，仅4.2%的被调查人口在他们出生地所在的地市范围内发生过跨县人口迁移，4.7%的被调查人口在他们出生地所在的省范围内发生过跨地市人口迁移，约6%的被调查人口发生过跨越省界的省际人口迁移。② 这意味着截至20世纪80年代，由出生地资料揭示出我国人口累积的空间流动性是很低的，仍然完全符合低空间流动性的乡土中国特点。

改革开放40多年来，我国已经迅速实现了由乡土中国到迁徙中国的转变，从一个没有迁移和流动人口的社会转变为一个有大规模迁移和流动人口的社会，从一个低空间流动性的社会转变为一个高空间流动性的社会。全国人口的流动参与度大幅度提高，流动性显著增强，人口迁移流动已经经历并将延续全方位、多层次、多元化的转变历程。③ 1990年第四次全国人口普查数据显示，我国的人口流动参与度只有1.7%，相当于100个人中参与流动的人数不足2人。到2020年第七次全国人口普查时，我国流动人口达到3.76亿，占全国人口的26.6%，相当于每4个人中就有1个参与了流动（见图1）。部分城市的流动人口规模

---

② 段成荣. 利用出生地资料进行人口迁移分析［J］. 人口学刊，2000（03）：21-26.
③ 段成荣，邱玉鼎，黄凡，等. 从657万到3.76亿：四论中国人口迁移转变［J］. 人口研究，2022，46（06）：41-58.

超过本地户籍人口规模，比如深圳、东莞等城市的流动人口占本地人口的比例超过七成。由此可见，人口的高流动性已然成为中国人口格局的新常态。

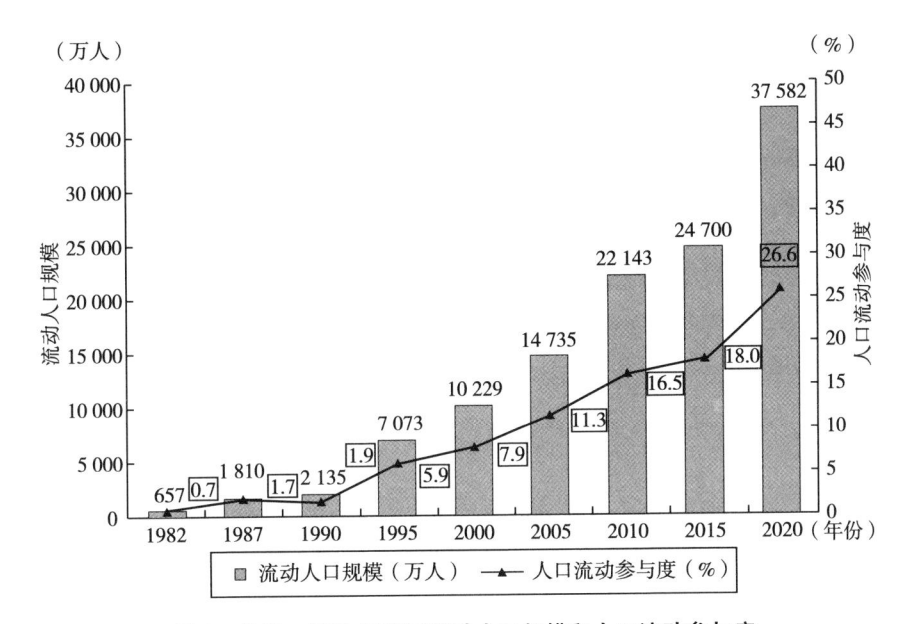

图1　1982—2020年我国流动人口规模和人口流动参与度

注：人口流动参与度用以衡量一个地区人口参与流动的活跃程度，指某时点某地区外出的流动人口数量占该地区户籍人口数量的比。如果人口流动参与度是20%，可以理解为该地区的100个户籍人口中有20个人在该时点参与了流动。

资料来源：根据历次人口普查数据计算所得。

过去的40多年，是人口、劳动力、人才大流动的历史，在从"静文化"向"动文化"的适应过程中，流动已经成为当前人们的一种生活方式。从流动人口来看，在迁移流动和城镇化背景下不断进入新的城镇环境中，由稳定社会进入流动社会，由礼治社会进入法治社会，由熟人社会迈入生人社会，他们面临心理和文化等方面的适应和冲突。从流入地市民来看，他们在思想观念、文化氛围等方面所提供的条件更大程度上决定了流动人口的适应程度。当前，从乡土中国的"静文化"到迁徙中国的"动文化",成为文化建设和文化适应的重要内容。

1.1.3 制度变革和文化适应尚未赶上人口迁移流动转变

回顾改革开放40多年来的中国人口迁移转变历程,历史上空前的人口空间流动为社会带来了一系列问题。当前我国流动人口呈现增速过快、规模过大和分布过于集中的基本特征,使社会治理和文化适应面临更加剧烈的挑战。

一是制度变革尚未赶上人口迁移流动转变。针对流动人口的制度设计尚未适应流动人口的快速变动形势,使得劳动力和人口在流动过程中面临的冲突和矛盾更加突出。二是人们对人口迁移流动的认识和把握还不够。社会文化的形成常常滞后于社会实践,流动人口和市民从传统的"静文化"理念升级到迁徙形态的"动文化"理念需要一定的过程。当前对流动人口的尊重、接纳和包容还有待进一步提升,未能完全进行文化和观念的适应。顺应人口迁移流动的规律,发挥"移民优势"助推城市繁荣,迫切需要加快制度变革和理念更新的步伐。

1.2 大流动与城镇化同步下的市民化发展

人口迁移流动是城镇化发展的重要驱动力,城镇化建设是随着我国的工业化发展,农村人口不断向非农产业以及城镇地区转移而发展起来的。人口流动是工业化和城镇化历程中的必然现象,城镇化的实质是实现农业人口非农化,将农村人口转变为城镇人口。

1.2.1 流动人口成为城镇人口增长和经济发展的主导要素

改革开放以来,我国经历了高速的城镇化发展,城镇化水平迅速提升。城镇人口规模和比重趋于上升,2020年我国居住在城镇的人口总量为9.02亿人,常住人口城镇化率从1953年的13.26%上升到2020年的63.89%,目前超过六成的人口居住在城镇地区,越来越多的人口集聚在城镇地区。

从人口规模上看,流动人口主要流向城镇,流动人口已成为城镇人口增长的主导因素。流入城镇的流动人口数快速增长,从1990年的不足2 000万到2020年的3.31亿人,城镇地区流动人口能见度从5.54%上升到36.70%(见表1)。④

表1 1990—2020年我国城镇地区吸引度变化

普查年份	流入城镇的流动人口数(亿人)	城镇常住人口总数(亿人)	城镇地区流动人口能见度(%)
1990	0.17	3.07	5.54
2000	0.74	4.56	16.23
2010	1.86	6.66	27.93
2020	3.31	9.02	36.70

注:流动人口能见度指某时点某地区流入的流动人口数量占该地区常住人口数量的比。如果流动人口能见度是20%,可以理解为该地区的100个常住人口中有20个是流动人口。

改革开放以来,中国流动人口增长对城镇人口总增长的贡献度不断提高,人口迁移流动已经成为城镇人口增长的主要动力(见表2)。⑤2010—2020年,中国流动人口增长对城镇人口总增长的贡献度达到61.44%,较1982—1990年15.38%的贡献度,翻了近两番。

从人口结构上看,流动人口已成为城镇化发展的主要推动力。大规模的劳动力从农村流向城镇,从农业流向非农业,不仅实现了剩余劳动力的有效转移和优化配置,而且极大地促进了经济的发展。流动人口已

---

④ 程梦瑶.迈向高质量发展:基于"七普"数据考察我国人口城镇化新阶段[J].人口与发展,2022,28(02):93-103,57.

⑤ 程梦瑶,段成荣.迁徙中国形态得到进一步确认[J].人口研究,2021,45(03):75-81.

经成为流动的人才储备，2020年我国流动人口的平均受教育年限为10.3年，高于全国人口平均水平。

表2 我国流动人口增长对城镇人口总增长的贡献度变化

时期	普查间城镇流动人口增量（亿人）	普查间城镇常住人口总增量（亿人）	流动人口增长对城镇人口总增长的贡献度（%）
1982—1990	0.14	0.91	15.38
1990—2000	0.57	1.49	38.26
2000—2010	1.12	2.10	53.33
2010—2020	1.45	2.36	61.44

注：流入城镇地区的流动人口的增量占城镇常住人口总增量的比重被称为流动人口增长对城镇人口总增长的贡献度，用来测量流动人口对城镇人口变动的影响程度。

流动人口是第三产业的主力军，2020年流动人口中社会生产服务和生活服务人员占比达到41.9%，在流动人口所有职业类型中占比最高。未来"城镇中国"的持续发展将仍然依靠过去40年来已经形成的迁徙中国人口形态。

1.2.2 农业转移人口市民化进程滞后

在我国的城镇化进程快速推进的过程中，农业转移人口的市民化滞后成为我国迈向高质量城镇化阶段迫切需要解决的问题。

一方面，在新型城镇化战略的推进过程中，仍将有相当数量的农村人口流入城镇，这是城镇化发展的必经道路。虽然2023年我国的常住人口城镇化率达到了66.16%的水平，但是未来城镇化的推进仍是大势所趋，人口流动大潮将继续推动新型城镇化的进程。

另一方面，流动人口的产生和发展与我国城镇化发展相交织产生了一系列社会问题。最为严峻的挑战是，流动人口在城乡转移过程中的城镇化和市民化进程不同步，使他们在城市的就业和生活面临诸多困境。

2010年,我国常住人口和户籍人口城镇化率分别为49.69%和34.17%,两者相差15.52个百分点;2020年,我国常住人口和户籍人口城镇化率分别为63.89%和45.40%,两者相差18.49个百分点。过去10年两者的差距出现了扩大之势。由此说明,我国户籍人口城镇化率增速慢于常住人口城镇化率,农业转移人口市民化进程受阻。

缩小户籍人口城镇化率与常住人口城镇化率之间的差距、提升农业转移人口市民化质量是我国新型城镇化的内在要求。当前制度建设尚未赶上高速的人口迁移转变,流动人口到市民身份的转换仍然存在户籍制度的藩篱。

1.2.3 妨碍劳动力、人才流动的体制和政策弊端亟待破除

人口流动问题始终是国家治理重点关注的领域。进入21世纪以来特别是党的十八大以来,党和政府更加重视人口迁移流动问题,通过深化户籍制度改革和出台《国家新型城镇化规划(2014—2020年)》等举措,在农业转移人口市民化和基本公共服务均等化方面采取了一系列切实有力的措施,进一步从制度建设的高度夯实了从乡土中国向迁徙中国转变的基础。党的二十大报告更是明确提出要"破除妨碍劳动力、人才流动的体制和政策弊端"。

我国人口在向城镇流动的过程中,实现了空间上的城镇化,但是仍然没有完成身份上的市民化转变。当流动人口没有获得户籍身份转换时,将不能获得依托户籍制度建立起来的城镇公共服务供给体系的服务,这对其立足和扎根城市带来巨大阻碍。当前,我国人口变动已经进入以人口迁移流动为主导的时期,妥善处理好人口大迁移大流动带来的挑战,成为我国实现以人为核心的高质量新型城镇化的决定性因素,对此应当做好充分的政策安排和制度准备,推动我国新型城镇化战略的稳步实施。

1.3 受人口流动影响的儿童是人口高质量发展的突破口

受人口流动影响的儿童的发展一直以来都是儿童高质量发展的痛点和难点。在快速的城镇化过程和高频率的人口流动背景下,大批劳动力从农村向城市转移,催生出一大批流动儿童和留守儿童。伴随我国进入人口迁徙时代,人口流动越来越频繁,受人口流动影响的留守儿童和流动儿童规模也逐渐增加,成为社会政策的重点关注对象。

流动儿童和留守儿童的人力资本存量是未来经济发展的基础,他们能够为国家现代化建设提供宝贵资源和不竭动力。受人口流动影响,流动儿童和留守儿童面临的生存和发展挑战是影响整个人口高质量发展的短板问题。流动儿童和留守儿童未来的发展和就业直接影响我国劳动力人口的质量,关系经济发展和社会进步。

我国已进入迁徙时代,但顺应人才和劳动力流动的合理体制机制尚未很好地建立,流动人口以及受人口流动影响的广大儿童仍面临多种挑战。这是我国经济社会发展中的阶段性问题,根源在于我国的制度建设尚未赶上高速的人口迁移流动转变,尚未实现真正意义上的城镇化。以儿童发展奠基人口高质量发展,受人口流动影响的儿童是突破口。

2. 把握受人口流动影响的儿童人口状况

在迁徙中国的背景下,有未成年子女的流动人口有些选择将子女一起带到流入地,有些选择让子女留守在老家,还有一些大龄儿童独自外出求学或务工,这些流动或留守儿童也因此直接受到人口流动的影响。受人口流动影响的儿童包括留守儿童和流动儿童两大群体。这两个概念是在我国流动人口开始大规模出现的迁徙中国形态背景下提出的,特别在进入 2000 年以后留守儿童和流动儿童逐渐作为面临突出问题的群体而引起社会的重点关注。流动儿童是指年龄在0~17周岁且跟随父母一方或双方离开户籍所在地居住在外乡镇街道的儿童。留守儿童是指年龄在0~17周岁且父母一方或双方外出而自身留守在户籍登记地的儿童。

2.1 受人口流动影响的儿童的规模

根据国家统计局、联合国儿童基金会、联合国人口基金共同发布的《2020年中国儿童人口状况：事实与数据》显示：2020年，全国流动儿童7 109万人，留守儿童6 693万人，流动儿童和留守儿童总数约为1.38亿人，约占全国儿童总人口的46.4%。总体来看，我国近一半儿童直接受到人口流动的影响。

从流动儿童来看，我国流动儿童规模持续快速增长，从2000年的1 982万增长至2010年的3 581万，再到2020年的7 109万。2000—2010年10年间流动儿童增加了1 599万人，增幅约为80.7%，2010—2020年流动儿童增加3 528万人，增幅约为98.5%。

从留守儿童来看，2000年全国留守儿童为3 009万，2010年为5 491万，2020年为6 693万。2000—2010年增加了2 482万，其中城镇留守儿童增加1 211万，增加了近4倍，农村留守儿童增幅仅为47.1%。2010—2020年留守儿童增加了1 202万，其中城镇留守儿童增加995万人，对应增幅约为65.4%，农村留守儿童增量和增幅均较小，10年间仅增加了207万人，对应增幅只有5.2%。城镇留守儿童和农村留守儿童保持增长态势，但增速放缓，城镇留守儿童增速远高于农村留守儿童。

整体来看，受人口流动影响的不同类型儿童的增长幅度和增长态势有所差异。2000—2010年，我国流动儿童、城镇留守儿童和农村留守儿童规模均有所上升。三个群体人口的增量为4 081万人，其中39%由流动儿童贡献，30%由城镇留守儿童贡献，31%由农村留守儿童贡献。2010—2020年，我国流动儿童和城镇留守儿童规模快速增长，农村留守儿童规模小幅上升。三个群体的增量为4 730万人，其中75%由流动儿童贡献，21%由城镇留守儿童贡献，仅4%由农村留守儿童贡献。

2.2 流动和留守的关系转换

21世纪以来的20年，我国流动儿童和留守儿童人口不断发生变化，最为突出的表现是规模呈现持续增长。由于流动儿童和留守儿童的增长幅度不同，其构成模式发生了显著变化。2000年和2010年，留守儿童规模均显著高于流动儿童，两者之比约为1.5∶1。但到2020年，留守儿童和流动儿童的规模比下降到不足1∶1，留守儿童尤其是农村留守儿童的增速较流动儿童的增速更为缓慢。这客观上说明我国政府针对农村留守儿童的关爱保护工作在不断深入，从源头上逐步减少儿童留守现象的政策举措取得显著成效。

流动儿童和留守儿童，表面上是面临不同境况的两种人群，实际上却是可以相互转化的同一个群体。⑥⑦ 留守儿童和流动儿童常因时间和空间的转移而转换身份：很多父母外出务工的儿童在出生至幼儿园阶段留在老家成长，属于留守儿童；当留守儿童在幼儿园或义务教育阶段，流入父母所在的城市就学，就成为流动儿童；对于跨省流动的儿童往往又因无法参加异地中高考，选择返回老家求学，重新变回留守儿童。流动儿童和留守儿童之间的相互转换反映在我国受人口流动影响儿童的构

---

⑥ 谭深. 中国农村留守儿童研究述评［J］. 中国社会科学，2011（01）：138-150.

⑦ 韩嘉玲，张亚楠，刘月. 流动儿童与留守儿童定义的变迁及新特征［J］. 民族教育研究，2020，31（06）：81-88.

成模式上。过去10年间我国受人口流动影响儿童的构成模式发生显著变化。2010年，流动儿童明显少于留守儿童，但到2020年，流动儿童已经超过留守儿童400多万人。其中留守儿童尤其是农村留守儿童的增速较流动儿童的增速更为缓慢。

整体来看，目前流动儿童和留守儿童规模仍然巨大，其面临的发展困境也依然存在，这两个群体成为推进人口高质量发展的重要关注对象。把握流动儿童和留守儿童之间的相互转换关系，是从源头上减少留守现象的发力点。首先，需要准确掌握流动儿童和留守儿童的基本信息，获得其基本的人口学特征，刻画出这个群体的基本面貌；其次，需要合理认清流动儿童和留守儿童的变动趋势，把握两个群体在相互转换过程中的变动趋势，能够遵循人口迁移流动和城市化发展的基本规律，为从根本上解决受人口流动影响的儿童问题提供事实依据。

2.3 农村和城镇的结构变化

在迁徙中国形态下，我国的流动人口既在空间上呈现高流动性特征，其群体本身的结构和特征也在发生变化。当前，我国形成了无论男女老幼、不分城市乡村、不管东西南北、不论民族身份均参与流动的全民齐流动格局。将流动人口等同于农民工，流动儿童等同于流动人口子女或农民工随迁子女的身份假定已然不再成立。在我国人口流动日益频繁和城镇化水平不断提升的背景下，需要及时关注流动人口城乡结构的变化，关注儿童群体的人口流动影响下呈现出来的新特征和新形势。

从农村地区的儿童分布来看，虽然农村儿童规模和在全国儿童中的占比都在下降，但其中农村留守儿童的规模却保持稳定。2020年农村留守儿童规模达到了4 177万人，约占全部农村儿童的37.9%，也就是说，每10名农村儿童就有近4名是留守儿童。农村儿童中留守儿童的占比继续增大,从 2000 年的 11.3% 增长至 2020 年的 37.9%,凸显了农村留守儿童问题仍然严峻。

从城镇地区的儿童分布来看,在城镇化大趋势下,人口迁移流动的活跃度在加强,城镇儿童中不同流动和留守状态的儿童占比也快速增加。(1) 城镇流动儿童规模增加最快,2020 年达到 6 407 万人,2010—2020 年规模增加超过 1 倍。城镇儿童中流动儿童的占比显著上升,从 2000 年的 13.3% 上升至 2020 年的 34.2%,也就是说,每 3 名城镇儿童中就有 1 名是流动儿童。(2) 城镇留守儿童也从 2000 年的几乎不为人知增加至 2020 年的 2 516 万人,占城镇儿童的 13.4%。城镇儿童中流动儿童和留守儿童合计占比从 2000 年的 16.2% 增加至 2020 年的 47.6%,城镇儿童中接近一半儿童受人口流动影响。在人口城镇化和人口流动背景下,儿童及其家庭被卷入流动的巨大浪潮之中,逐步实现向城镇化过渡,家庭成员的居住空间往往呈现分离状态,由此我国留守儿童问题从农村地区向城镇地区渗透。

近 10 年来城镇留守儿童的规模和占比攀升,但目前相关的制度设计和学术研究相对匮乏,对城镇留守儿童的各项基础信息把握仍不全面。城镇留守儿童是指留守儿童中户籍所在地为城镇的儿童。具体来看,城镇留守儿童人口的可能来源包括:一是城镇户籍人口流动带来的子女留守;二是城乡行政区划调整使得农村留守儿童就地转化为城镇留守儿童;三是家庭中部分成员和儿童因教育或其他原因落户城镇地区,部分成员仍留守农村;四是与父母一起外出流动的儿童,因户籍制度限制或城市人口疏解政策,在考试或升学时被迫回流至周边或户籍所在地城镇地区成为城镇留守儿童。同时考察和分析农村留守儿童和城镇留守儿童的状况,有助于我们识别受人口流动影响儿童的最新形势。

3. 受人口流动影响的儿童的教育状况

保障儿童全面发展、提升儿童素质是实现人口高质量发展的战略性和基础性工作。其中，教育是受人口流动影响的儿童发展的核心问题。21世纪以来，我国制定和实施了一系列举措来保障流动儿童和留守儿童的教育发展。2014年，中共中央、国务院印发《国家新型城镇化规划（2014—2020年）》明确提出"推进农业转移人口享有城镇基本公共服务"，"保障随迁子女平等享有受教育权利"，为准确研判城镇化发展的新趋势新特点，妥善应对城镇化对流动人口子女教育带来的风险挑战作出了战略部署。党和国家始终高度重视儿童的教育发展，在先后制定并实施三个周期的《中国儿童发展纲要》中，均为保障儿童的教育发展制定了具体方案。2021年，国务院印发的《中国儿童发展纲要（2021—2030年）》首先明确了儿童发展的重要地位，把培养好少年儿童作为一项战略性、基础性工作，坚持儿童优先原则，大力发展儿童事业，保障儿童权利的法律法规政策体系进一步完善；同时把流动儿童和留守儿童的发展放在同等重要的位置，坚持"留守儿童关爱服务体系不断完善，流动儿童服务机制更加健全"；《中国儿童发展纲要（2021—2030年）》进一步强调了儿童教育发展的重要性，指出"保障农业转移人口随迁子女平等享有基本公共教育服务"，使孤儿、事实无人抚养儿童、残疾儿童、农业转移人口随迁子女、留守儿童、困境儿童等特殊群体受教育权利得到根本保障。

3.1 受人口流动影响的儿童接受义务教育状况

3.1.1 受人口流动影响儿童的各学龄段规模

《中华人民共和国义务教育法》（以下简称《义务教育法》）明确规

定，凡年满 6 周岁的儿童应当入学接受并完成义务教育。段成荣等人（2017）和吕利丹等人（2018）根据普查数据结构特点构建了"未按规定接受或完成义务教育"指标，用以描述留守儿童和流动儿童是否按照《义务教育法》规定入学接受义务教育状况。[8][9] 具体计算时，本文将普查时年满 6 周岁但在该普查年份 9 月 1 日未满 6 周岁的儿童（即出生在 9 月 1 日至 11 月 1 日的儿童）排除，这部分儿童可能未入学但未违背入学规定。该指标包括 3 种情况：（1）未上过学；（2）小学阶段终止学业，包括小学辍学、小学肄业和小学毕业后终止学业的情况；（3）初中阶段终止学业，包括初中辍学的情况。

图 2 为 2020 年我国留守儿童和流动儿童各学龄阶段儿童规模的人口金字塔。在流动儿童中，0～5 岁学龄儿童规模为 1 955 万人（占流动儿童的比例约为 27.49%），6～14 岁义务教育适龄流动儿童为 3 364 万人（对应占比约为 47.32%），15～17 岁高中学龄儿童为 1 791 万人（对应占比约为 25.19%）。留守儿童的义务教育适龄儿童规模略高于流动儿童，为 3 582 万人，约占全部留守儿童的 53.52%；0～5 岁学龄留守儿童较流动儿童更高，为 2 444 万人；15～17 岁高中学龄留守儿童规模则显著小于流动儿童，仅为高中学龄流动儿童的三分之一左右。

3.1.2 受人口流动影响儿童未按规定"接受"或"完成"义务教育的比例

过去 20 年间，我国教育事业发展取得巨大成就，义务教育普及率大幅度提高。从 2000 年至 2020 年，我国 6～14 岁流动儿童和留守儿童

---

[8] 段成荣，赖妙华，秦敏. 21 世纪以来我国农村留守儿童变动趋势研究［J］. 中国青年研究，2017，(06)：52-60.

[9] 吕利丹，程梦瑶，谭雁潇，等. 我国流动儿童人口发展与挑战（2000—2015）［J］. 青年研究，2018，(04)：1-12，94.

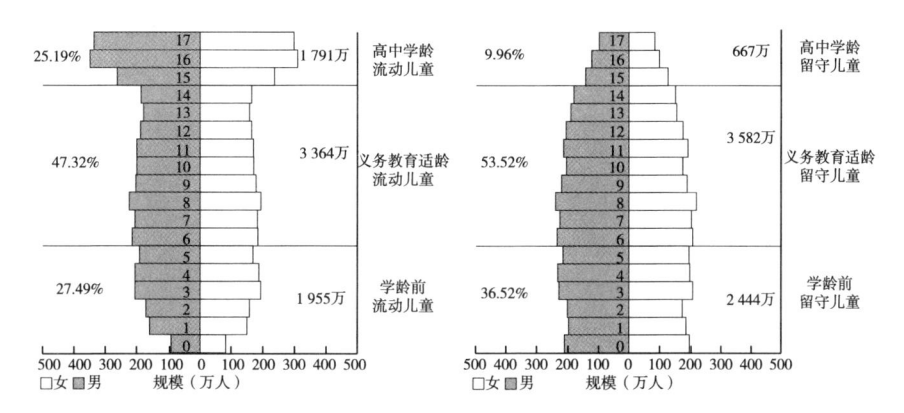

图2　2020年我国留守儿童和流动儿童各学龄阶段规模

资料来源：根据2020年第七次全国人口普查数据、《2020年中国儿童人口状况：事实与数据》计算整理。

未按规定接受义务教育的比例显著降低。如表3所示，流动儿童未按规定接受义务教育的比例从5.92%下降到1.84%，留守儿童未按规定接受义务教育比例从4.45%下降到1.85%。流动儿童的义务教育状况从显著差于留守儿童到得到显著改善，到2020年，流动儿童和留守儿童未按规定接受义务教育的比例相差仅0.01个百分点。

表3　2000—2020年我国6~14岁受人口流动影响的儿童未按规定接受义务教育的比例（%）

	年份	未上过学	小学辍学	小学肄业	小学毕业	初中辍学	未按规定接受义务教育比例
流动儿童	2000	3.26	1.65	0.19	0.52	0.30	5.92
	2010	1.50	0.68	0.07	0.09	0.05	2.39
	2020	—	—	—	—	—	1.84
留守儿童	2000	2.43	1.28	0.17	0.45	0.13	4.45
	2010	1.40	0.84	0.10	0.05	0.04	2.44
	2020	—	—	—	—	—	1.85

资料来源：根据历次全国人口普查汇总数据和微观数据计算整理。

值得关注的是,当前我国仍有一定规模的适龄留守儿童和流动儿童未在学校接受或未按规定接受义务教育。2020年,我国6~14岁流动儿童为3364万人,未按规定接受义务教育的比例为1.84%,由此进行推算约有61.9万流动儿童处于未上学或在小学阶段、初中阶段终止学业的状态;6~14岁留守儿童为3582万人,未按规定接受义务教育的比例为1.85%,由此推算约有66.3万留守儿童处于未上学或在小学阶段、初中阶段终止学业的状态。

按照《义务教育法》的规定,年满6周岁的儿童应入学接受教育,那么按照正常的教育递进情况来说,15~17岁的儿童应当已经顺利完成义务教育。基于表4中历次人口普查数据资料分析结果可以看到,仍有一定规模的15~17岁受人口流动影响的儿童未按规定完成义务教育。2000—2020年,15~17岁流动儿童未按规定完成义务教育的比例从9.98%降至0.76%,15~17岁留守儿童未按规定完成义务教育的比例从13.79%下降至1.23%。根据留守儿童和流动儿童的规模进行推算,约有13万15~17岁的流动儿童和8万15~17岁的留守儿童未完成义务阶段的教育就终止学业。

表4 2000—2020年我国15~17岁受人口流动影响的儿童未按规定完成义务教育的比例(%)

	年份	未上过学	小学辍学	小学肄业	小学毕业	初中辍学	未按规定完成义务教育比例
流动儿童	2000	0.37	6.93	0.24	0.72	1.73	9.98
	2010	0.06	1.53	0.05	0.06	0.71	2.41
	2020	—	—	—	—	—	0.76
留守儿童	2000	1.06	9.17	0.73	1.08	1.76	13.79
	2010	0.42	3.00	0.07	0.31	0.56	4.37
	2020	—	—	—	—	—	1.23

资料来源:根据历次全国人口普查汇总数据和微观数据计算整理。

由此，受人口流动影响的儿童在教育方面面临的第一个突出问题是流动儿童和留守儿童未能按时接受或完成义务教育，6~14岁未按规定接受义务教育和15~17岁未按规定完成义务教育的受人口流动影响的儿童的状况值得关注。对这一部分受人口流动影响的儿童的基本状况有待进一步认识和掌握，他们与未来人力资本的积累息息相关，与人口的高质量发展直接相关。

3.1.3 受人口流动影响儿童延迟入学状况

从受人口流动影响的儿童分年龄的教育状况（见图3）来看，留守

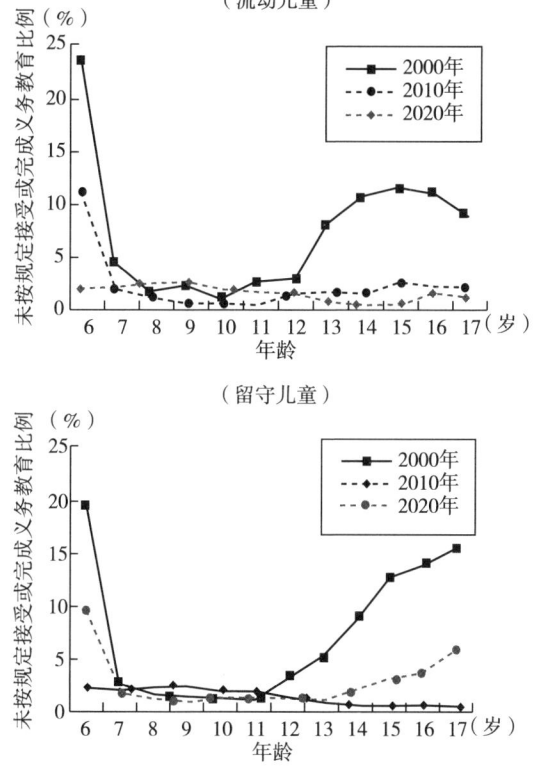

图3 2020年我国流动和留守儿童各学龄未按规定接受或完成义务教育的比例

资料来源：根据全国第七次人口普查汇总数据和微观数据计算整理。

儿童和流动儿童未按规定接受义务教育的比例存在明显的年龄模式。从2000年到2020年，从明显的U形模式到渐趋于平缓，说明在儿童早期和后期阶段的教育状况得到明显改善。但是，2020年6岁留守儿童未按规定接受义务教育的比例仍在各年龄留守儿童中最高，为2.46%。同时，在第五次全国人口普查到第七次全国人口普查期间，7~11岁受人口流动影响的儿童未按规定接受义务教育的比例在2020年略有上升。

在未按规定接受义务教育的儿童中，我们进一步采用2015年全国1%人口抽样调查微观数据来分析他们的具体教育状况。数据显示，2015年在未上过学的流动儿童中，6岁流动儿童占比为59.8%；在未上过学的留守儿童中，6岁留守儿童占比为69.9%。

由此，受人口流动影响的儿童在教育上面临的第二个突出问题是适龄儿童是否能够及时入学。上述结果意味着超过60%的受人口流动影响的6岁儿童可能存在延迟入学的情况，其延迟入学的原因和影响值得进一步关注。

3.2 受人口流动影响的儿童接受学前教育状况

随迁儿童在学前教育阶段面临的入园难和入园贵也是制约受人口流动影响的儿童高质量发展的重要问题。相对于义务教育阶段而言，学前教育尚未被纳入基本公共服务范畴，当前随迁儿童进入公办幼儿园就读仍然困难。

国务院印发的《中国儿童发展纲要（2021—2030年）》提出儿童与教育的主要目标之一是"适龄儿童普遍接受有质量的学前教育，学前教育毛入园率达到并保持在90%以上"。2022年《中国儿童发展纲要（2021—2030年）》统计监测报告显示，我国学前教育毛入园率为89.7%，比2021年提高1.6个百分点。根据国家统计局发布的《农民工监测调查报告》可以获得3~5岁随迁儿童的学前教育信息，如表5所示。随着我国学前教育全部普及和水平进一步提高，3~5岁随迁儿童的入园率也明显提升，达到91.1%，但在公办幼儿园或普惠性民办幼儿园就读的比例仍然较低，2022年有69.7%的3~5岁随迁儿童就读于公办幼儿园或普惠性民办幼儿园，在2020年仅有28.9%就读于公办幼儿园。对于随迁儿童来说，入读公办幼儿园仍然面临阻碍，随迁儿童的学前教育质量仍然有待加强。

表5 我国随迁儿童学前教育状况

年份	3~5岁随迁儿童入园率（含学前班）	在公办幼儿园或普惠性民办幼儿园就读	
		公办幼儿园	普惠性民办幼儿园
2022	91.1	69.7	
2021	88.2	61.6	
2020	86.1	28.9	37.2
2019	85.8	25.2	35.7
2018	83.5	26.0	35.2

资料来源：国家统计局《农民工监测调查报告》。

3.3 受人口流动影响的儿童异地高考状况

流动儿童的异地高考问题一直备受关注。自2010年国务院下发《国家中长期教育改革和发展规划纲要（2010—2020年）》指出要"研究制定进城务工人员随迁子女接受义务教育后在当地参加升学考试的办法"以来，我国和各地政府出台系列政策持续推进解决流动儿童的异地高考问题。当前，流动儿童的异地高考问题仍然是难点。我们根据全国人口普查数据、《中国统计年鉴》、《中国教育统计年鉴》估算了我国异地高考流动青少年的规模，尝试掌握异地高考流动青少年的基本人口事实。

第一种方案参考侯亚杰等人⑩对异地高考流动青少年规模的估计方法，采用式（1）估计得到：2020年我国约有20.7万异地高考流动青少年。在式（1）中，M_e代表异地高考流动青少年的规模，M_0为基于第七次全国人口普查数据获得的2020年流动人口规模（3.76亿），C_{age}为高中学龄流动人口占比（10.8%），C_{hig}为根据2015年全国1%人口抽样调查微观数据获得的高中学龄流动人口中正在就读普通高中者所占比例（24.4%），C_{pro}是依据2015年全国1%人口抽样调查微观数据得到的高中学龄流动人口处于普通高中在学状态中的跨省流动占比（6.3%），最终基于式（1）得到：2020年我国异地高考流动青少年规模约为20.7万人。

$$M_e = \frac{M_0 \times C_{age} \times C_{hig} \times C_{pro}}{3} \tag{1}$$

第二种方案依据《中国统计年鉴》和《中国教育统计年鉴》公布的相关数据进行推算。

首先根据《中国统计年鉴》，2020年外省迁入进城务工子女初中毕业生数为405 711人，然后按照《中国统计年鉴》中义务教育巩固率、高中阶段和高等教育毛入学率指标（2020年高中阶段毛入学率为91.2%），《中国教育统计年鉴》提供了2020年中等教育在校生中普通高中学生占比信息（59.9%）。那么，如果外省迁入进城务工子女有405 711人初中毕业，然后按照我国高中阶段的毛入学率指标和中等教育在校生中普通高中占比，可以估算得到：2020年全国外省迁入进城

---

⑩ 侯亚杰，段成荣，王宗萍.异地高考流动青少年基本状况分析——对异地高考流动青少年规模的估计［J］.中国青年研究，2015（06）：51-57.

务工子女约有22.2万人进入普通高中就读。

需要说明的是，上述两种估算方案的基数为初中毕业学生或者高中阶段在读学生，实际上并未考虑在小学阶段和初中阶段流动儿童流失的状况。除严格的异地高考政策限制外，流动儿童在异地中考的要求也相对苛刻，相当数量的随迁子女在初中毕业之前就被迫离开流入地学校。我们继续采用《中国统计年鉴》和《中国教育统计年鉴》粗略估算了流动儿童"同批人"的留存率。从"同批人"这一概念角度看，随迁子女的数量变动基本可视为"同批人"单方向的减少变动，Y年的高三随迁子女与（Y-5）年的初一随迁子女为"同批人"。如表6所示，可以看到，仅有不到三分之一的学生能够一直读到高三。大部分随迁子女在升入初中后由于各种原因在中间阶段逐渐流失。根据留存率转换为流失率，相当于同一批随迁子女，接近70%的人在初中和高中阶段因为各种原因流失。

表6 随迁子女"同批人"的留存率

年份	2016	2017	2018	2019	2020	2021
A 高三随迁子女人数	338 525	374 727	427 974	458 761	497 154	581 009
B 在初一时的随迁子女人数	1 178 301	1 294 997	1 251 769	1 569 296	1 605 312	1 699 175
年份	(2011)	(2012)	(2013)	(2014)	(2015)	(2016)
C 初一到高三的留存率（=A/B）(%)	28.72	28.93	34.19	29.23	30.97	34.19
D 初一到高三的流失率（=1-C）(%)	71.28	71.07	65.81	70.77	69.03	65.81

资料来源：《中国教育统计年鉴》。

总体来看，解决这近 20 万跨省青少年的异地高考问题，既是政策难点也是重点。对于实现流动人口真正意义上的市民化具有重要意义，同时对实现城乡之间和城市内部教育资源的再分配极为关键。

4. 受人口流动影响儿童发展的挑战和建议

习近平总书记主持召开二十届中央财经委员会第一次会议时提出，以人口高质量发展支撑中国式现代化。从长远来看，儿童是祖国的未来，儿童发展议题十分关键，充分保障儿童全面发展、整体提升儿童人口素质是实现人口高质量发展的战略性和基础性工作。实现人口高质量发展，要始终紧抓 2.98 亿儿童的高质量发展，要始终紧抓 1.38 亿受人口流动影响的儿童的高质量发展，要始终紧抓 6 693 万留守儿童的高质量发展，要始终紧抓 7 109 万流动儿童的高质量发展。在推进构建中国式城镇化新格局背景下，政府致力于逐步实现从"人口城镇化"向"人的城镇化"的转变。对流动人口子女来说，获得与其他儿童均等的生存和发展机会成为新型城镇化时代的美好愿景。当前，受人口流动影响的儿童仍面临诸多挑战，需要遵循儿童优先原则，构建儿童发展的全面保障体系，为中国式现代化建设事业提供不竭的源头活水。

4.1 受人口流动影响的儿童发展面临的挑战

4.1.1 规模增长的基本格局未变，影响儿童资源的适配

当前，受人口影响的儿童规模保持增长的基本格局未变，影响城镇化人口管理和资源配置，亟须构建针对流动儿童和留守儿童人口治理的综合发展框架。2020 年，我国近一半儿童直接受到人口流动的影响。总体来看，过去 10 年间留守儿童和流动儿童都在增长，且流动儿童增长尤为迅速，儿童的规模变动使得城镇化对于儿童群体的资源布局面临

空缺，影响资源的适配性。同时，流动和留守儿童的分布集中于特定的地区和省份。这既需要不同的地区针对儿童人口的基本构成和区域分布特征，进行教育和居住资源的合理布局，也需要在全国层面整体把握受人口流动影响儿童的分布状况，进行统筹和管理，实现资源的合理布局和优化。

4.1.2 亲子分离更趋普遍，影响儿童的高质量发展

亲子共居通常被认为是最有利于儿童成长和发展的家庭居住方式，构建了父母陪伴式和参与式的家庭教养环境。然而，在人口城镇化和人口流动背景下，儿童及其家庭被卷入人口流动大潮之中，逐步向城镇化过渡，家庭成员在居住空间上往往呈现分离状态，由此我国留守儿童问题从农村地区向城镇地区渗透。当前由于家庭成员的居住方式更加简洁化和多元化，儿童更多地居住在不完整的家庭结构中，对儿童个体发展带来不可忽视的影响。亲子分离不仅包括传统意义上的留守儿童，也包括越来越多的流动儿童。城镇化的推进既需要流动人口的劳动力供给，也需要促进流动人口子女的高质量发展，消除影响儿童健康成长和亲子分离的不利因素。

4.1.3 回流儿童的状况尚未厘清，成为破解城镇化谜题的难点

流动儿童一般跟随家庭流动，其来源地的空间分布大体上与流动人口的来源地分布重合。流动儿童的年龄构成和性别构成可能与回流模式有关，由于城市异地中高考政策未有实质性调整，流动儿童无法在城市就读普通高中、参加高考，因此大量流动儿童在小升初或中考前陆续返乡，在户籍地就读初高中，甚至不少流动家庭出于提前适应的考虑选择在小升初前便将孩子送回户籍地接受教育。回流儿童是儿童在流动和留守转换过程中产生的特殊群体，这些儿童可能同时具备流动和留守特征。回流会影响儿童的教育接续、社会融入和学校适应。目前尚未对回

流儿童有系统的研究,这是未来实现城乡均衡发展必须应对的难题。

4.1.4 义务教育阶段差距缩小,高中阶段教育仍面临制度困境

受人口流动影响的儿童面临的核心问题是缺乏充分和优质的养育资源,学前教育、义务教育和后义务教育资源,影响儿童人口素质的综合提升。留守儿童受父母外出影响导致家庭监管缺失,流动儿童由于流动过程中的教育制度壁垒和教育环境变动,使得他们的教育成为政策制定和研究的重要关注点。新世纪以来,中央政府多次发布文件强调和解决受人口流动影响的儿童的教育问题,我国流动儿童和留守儿童的教育状况显著改善,教育事业取得可喜成绩。然而,在户籍制度壁垒和城乡资源变化下,受人口流动影响的儿童面临的教育挑战仍然存在。始终有一定比例的适龄儿童存在于正规教育体制之外,未按照国家规定按时接受或完成义务教育,6岁流动儿童和留守儿童面临的延迟入学状况仍然存在。当前流动家庭子女随迁面临最大的挑战在于流动儿童的教育困境仍未得到根本性突破,存在"入园(托)难""入园(托)贵""入学难""择校难""升学难"等障碍。流动儿童教育困境产生的深层原因在于公共教育供给存在数量不足和空间布局欠优的问题,因此需要调整对空间经济演化的认识,以适应人口教育需求变动。

4.2 促进受人口流动影响的儿童发展的建议

4.2.1 顺应人口流动规律,完善流动人口的社会治理体系

我国处于人口快速转型的关键时期,流动人口、流动儿童和留守儿童规模持续增长的基本格局未变。要综合判断流动人口和流动人口子女新形势,顺应现代化的历史进程,遵循人口城市化和人口迁移流动的规律,畅通城乡要素流动,破除阻碍人口流动的机制和政策弊端,完善针对流动人口及其子女的社会治理体系。适应人口迁移流动和城镇化新阶

段的特点，使人口迁移流动与不断发展的城镇化过程相协调，为中国经济社会发展带来巨大和持续的推动力。要从源头上解决流动子女问题，必须在体制和政策层面进一步落实二十大报告的要求，破除妨碍劳动力、人才流动的体制和政策弊端，加快户籍制度改革，解决流动人口的市民化受阻、流动子女的教育受阻等一系列问题，保证流动人口及其子女真正能够在城镇地区扎根落户，为其生存和发展谋取真正的福祉。

4.2.2 为家庭化迁移创设条件，保障流动人口与子女在一起

我国家庭的居住拆分问题日渐凸显，亲子分离的居住安排更加普遍。联合国《儿童权利公约》确定了儿童应当享有的基本权利，明确提出"确保不违背儿童父母的意愿使儿童和父母分离"，"确保儿童享有其幸福所必需的保护和照料"，"确保父母双方对儿童的养育和发展负有共同责任的原则得到确认"。父母对儿童的养育和发展负有首要责任，实现儿童的最大利益是父母主要关心的事，这是世界各国对儿童发展达成的共识。儿童的流动和留守状态并不总是固定的，可能因家庭状况、个人年龄和受教育阶段而相互转换。要解决流动儿童和留守儿童面临的挑战，需要为流动人口的家庭化迁移消除阻碍，以家庭为单位进行统筹安排，为儿童与父母在一起创设条件，减少亲子分离对儿童带来的负面影响。

4.2.3 把握儿童人口发展事实，关注流动和留守构成模式

迁移流动已成为新时代影响儿童人口发展的重要方面，儿童的父母通过"随迁"或"留守"决策影响儿童流动，同时可能因为外部环境变化不断做出调整。流动家庭的不同抉择使得受人口流动影响的儿童的人口状况发生变化，进一步影响流动和留守的构成模式。在当前人口形势快速变化的背景下，需要加强数据开发利用，研判儿童发展的新特点

和新趋势。一方面，要一如既往地关心农业转移人口带来的农村留守儿童问题；另一方面，要推进新时期针对城镇留守儿童的工作，综合判断留守儿童人口新形势，关注城镇留守儿童群体的现实状况和未来发展。全面、及时地了解儿童发展面临的问题和挑战，把握流动人口和流动家庭发展的基本事实。囿于数据有限性，目前针对城镇留守儿童开展的学术研究也相对较少，呼吁有关部门加强数据开发利用和调查研究，摸清城镇留守儿童的具体状况，把握新时代城镇受人口流动影响儿童的新特点和新趋势，总结其面临的突出问题和挑战，为从根源上解决受人口流动影响儿童问题提供新思路。

4.2.4 重点关注儿童教育状况，加强教育可及性与公平性

获得更优质的教育机会和教育资源，往往是儿童在城乡之间"流留"的重要驱动力。通过构建城乡教育融合的体制机制，促进城乡公共服务一体化，切实解决受人口流动影响儿童面临的一系列教育问题。需要重点关注儿童受教育状况，解决儿童教育发展难题，加强教育可及性与公平性，保障留守儿童和流动儿童获得高质量的学校教育和家庭教育。把教育作为提升人口整体素质的龙头工程，培养和积累人力资本。为城乡儿童提供均等化和高质量的教育条件，致力于解决受人口流动影响的儿童面临的教育资源匮乏和发展受阻问题。人口变动具有周期性，儿童人口形势及变化是可预测的。要准确预判和全面规划，保持人口政策的连续性和人口发展的协调性。研判儿童人口和受人口流动影响的儿童人口发展形势，做好全方位战略部署。据此，需要构建针对城乡儿童发展的关爱体系，围绕城乡儿童发展新特征和新趋势，加强并改善公共教育供给。这可以促进人力资本积累和人口迁移，并同时缓解低生育率问题，是新人口形势下一举多得的有效对策，应赋予最高的优先级。

国际经验

International Experience

日本改善"少子"社会现象的政策与举措

以"人生头百月展望"为主要视角

周念丽

伴随着经济发展和人们生育观念的转变,"少子化"已成为当今我国需直面的一个社会现象。针对这一现象,如何运用有效策略,从"幼有所育"来激发适龄夫妇的生育意愿,与此同时,运用各种行之有效的方法,从"幼有善育"来提升我国的人口质量,都已成为我们必须回答的时代命题。要回答这样的命题,除了我国各级政府做大量的探索,另一方面也可放眼世界,获得一些可资借鉴的经验。中国发展研究基金会正是本着了解和借鉴相关经验的目的,于 2023 年用一周的时间走访了同样直面"少子化"社会问题的日本各级政府以及医疗机构和托育

---

* 周念丽,华东师范大学教授。

机构，本人有幸随访，通过实地访问和访谈以及回国后的进一步资讯查询，产生了尝试从政策角度来分析日本为改善"少子化"社会现象所做的努力之想法。本文便是将这想法付诸实施之作。下面将主要围绕日本内阁府（相当于国务院）于 2023 年 12 月 22 日颁布的"儿童大纲"中与学前儿童密切相关的"处于人生头百月的儿童培育视角：培育人生的首个百月展望计划"进行具体阐析。为行文方便起见，后面都将该计划简称为"人生头百月展望"。

1. "人生头百月展望"的概念和意义

所谓的"人生头百月"是指从胎儿期到入学第一年为止的 106 个月，为方便称呼，概称"头百月"。

图 1 形象地表明从胎儿期到入学第一年的"人生头百月展望"，就是锁定一个人终身发展的最关键时期。

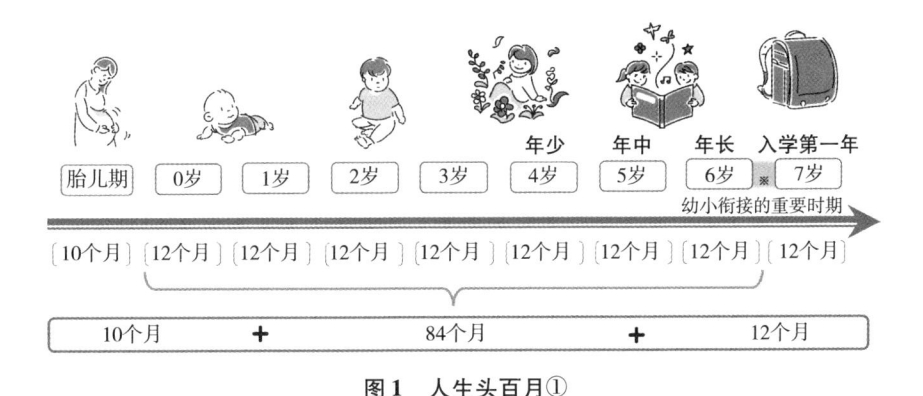

图 1　人生头百月①

日本内阁府为何如此重视"人生头百月展望"？根据日本内阁府下

---

① 根据日本内阁府儿童家庭厅颁布的"幼児期までのこどもの育ちに係る基本的なビジョン"改编。

属的儿童家庭厅所言，因为这是人生得以过上幸福生活的特别重要的时期，因此，需举全国之力，共同秉持全面支持培育幼儿期的儿童理念，来强力推进"人生头百月展望"计划的落实。

2. 落实"人生头百月展望"的理念和相关举措

日本内阁府力图通过两大路径来落实"人生头百月展望"计划。一是理念与视角的确立，二是政策与责任的落实。

2.1 理念与视角的确立

日本内阁府制订"人生头百月展望"计划的目的是夯实幸福人生基础。为此，从社会生态学视野出发，将"身体健康、心理健康和社会适应"的循环作为连接人间幸福的基础。

"人生头百月展望"计划建立在五大视角之上。五大视角分别是"尊重儿童的权利和尊严"，"通过创设安心和挑战循环提高儿童的幸福感"，"支持从出生前就开始的持续性培育"，"支持、应援家长与托幼机构教师的幸福感和成长"，"增加支持培育儿童的环境和社会的厚度"。

2.2 主要举措

举措分两大层面：各类相关政策的颁布和各级政府以及机构的责任落实。

2.2.1 各类相关政策的颁布

政策是计划的保证。日本内阁府通过一系列政策的归纳梳理或出台，来保证"人生头百月展望"计划的实施。图2显示了具体政策颁布的概况。

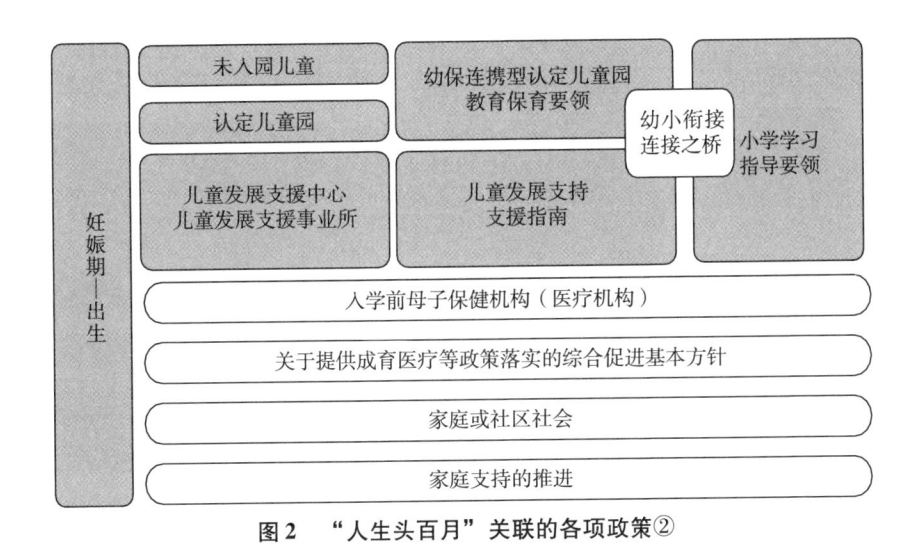

```
┌──┬─────────────────┬─────────────────┬──────┬──────┐
│妊│ 未入园儿童      │幼保连携型认定儿童园│幼小衔接│小学学习│
│娠│ 认定儿童园      │教育保育要领      │连接之桥│指导要领│
│期│ 儿童发展支援中心│儿童发展支持      │      │      │
│出│ 儿童发展支援事业所│支援指南        │      │      │
│生│                                                 │
│  │ 入学前母子保健机构（医疗机构）                  │
│  │ 关于提供成育医疗等政策落实的综合促进基本方针    │
│  │ 家庭或社区社会                                  │
│  │ 家庭支持的推进                                  │
└──┴─────────────────────────────────────────────────┘
```

图 2　"人生头百月"关联的各项政策[②]

从图 2 可见，从出生到幼小衔接都有相应的政策。虽然大部分政策或纲领性文件先于"人生头百月展望"公布，但这些政策有助于计划的落实，从而提升适龄夫妇的生育意愿，让处于人生头百月的儿童得到坚实发展。

根据图 2 可知，贯穿整个人生头百月的政策主要从医疗角度出发，支持家庭育儿为主，对不同机构则制定了相应的纲领性文件。针对 0~5 岁儿童保教的保育所和针对 3~5 岁儿童保教的幼儿园分别出台了《保育所保育指针》和《幼儿园教育要领》，对将两者结合起来的针对 0~5 岁保教的认定儿童园则出台了《幼保连携型认定儿童园教育保育要领》，而对儿童发展支援中心及其事业所则专门出台了《儿童发展支持支援指南》。

综上所述，分类、分层地出台各种纲领性文件，将有助于各机构在

---

② 根据日本内阁府儿童家庭厅颁布的"幼児期までのこどもの育ちに係る基本的なビジョン"改编。

全面支持学前儿童拥有美好的人生头百月时均能有章可循，有据可依。

2.2.2 各级政府和机构的责任落实

日本政府为了提升适龄夫妇的生育意愿，让处于人生头百月的儿童得到更好的发展，着重落实了各级政府机构的责任，同时创建了为 0～5 岁儿童进行保教的新模式。

（1）内阁府的责任

2023 年日本政府成立了"儿童家庭厅"，专门负责儿童（0～14 岁）事务。该厅凸显了"将儿童置于社会中心"的理念，为儿童的身心发展提供全方位的保障。

在经济上运用政府力量，提高普通民众的消费税、增加企业主支出金额以及新设社会保障特别税等手段，1990 年花费 3 092.84 亿日元，2018 年更是增加到 5 328.16 亿日元来增加儿童园、保育园的数量。2019 年制定了相关法律，免除 0～5 岁儿童的保育费，也保障了夫妇在生育期间的带薪休假以及经济支持，还从法律上对他们的重回职场给予保障。

（2）都道府县的责任

日本都道府县（类似于省和直辖市）的主要责任是负责斡旋、组织成立各种心理或物质支持中心。迄今为止，都道府县层面设立儿童商谈所 225 个、家庭支持中心 147 个。这些机构都向公众免费开放。其承担的主要责任就是对遇到育儿困惑和难题的处于人生头百月的儿童家长提供应时心理或技术上的支持，以及对这些儿童提供临时托管服务。

（3）市区町村的责任

日本市区町村（相当于我国的各地、各县级市或一线城市的各区）的责任落实在两个层面：为全体处于人生头百月的儿童家庭及有更高支持需求的人群提供支持。

对处于人生头百月的儿童家庭提供的支持是通过四个方面来实现的。一是"访问支持",即通过入户指导来支持家长的育儿;二是给临时无人照料的处于人生头百月的儿童提供短期入园服务;三是对家庭所在地进行环境上的支持;四是支持建构积极的亲子关系。

为市区町村孕妇安排了全面生活援助;对家长主要提供亲子全面整合的支持;对处于人生头百月的儿童,则将支持机构与儿童福利设施挂钩,创设支持儿童学会自理生活的环境;放宽支持儿童学会自理生活的年龄。

(4)根据新制度增加保教样态

为了解决以往保育所和幼儿园各有短板的问题,日本内阁府大力普及认定儿童园和针对0~2岁儿童保教的社区型保育园。

①认定儿童园的责任

认定儿童园兼任了原先分属厚生劳动省(相当于我国的卫健委)的保育所和分属文部科学省(相当于我国的教育部)的幼儿园责任,其具体表现在三个方面:为0~5岁儿童提供一体化且兼具生活照料与学习发展的保教,对0~2岁儿童附加延长保育和临时保育,为社区0~3岁儿童家庭提供无偿的育儿支持服务。

②社区型保育园的责任

社区型保育园的主要职责是服务本社区母亲无法亲自带养的0~2岁儿童,主要特色是精细化和多样化。

精细化主要体现在小规模上,定员在6~19人。多样化则体现在"家庭保育"(5人以下)、"企业内保育"(企业与社区的0~2岁儿童一起)以及一对一的"入户保育"三种形式。

3. 给我们的启发与思考

综上所述，日本政府在直面"少子化"社会现象时已做出了一些改善的尝试，由此给我们带来了启发和思考。

3.1 拓展"学前期"概念

相较于分别关注 0~3 岁婴幼儿和 3~6 岁儿童的发展而言，将从胎儿期到入学一年的 106 个月连贯起来进行整体关注，更符合学前儿童发展的连续性和衔接性的特点。因此，我们或可拓展"学前期"概念，将胎儿到 7 岁视为儿童发展的完整过程。为此，国家可协调相关部门形成合力或专门成立一个机构来对处于人生头百月的儿童进行整体规划和连续支持。让适龄夫妇从拥有胎儿的一刻起一直到自己孩子入小学，都充分感受到全过程的支持。

3.2 提供全方位支持

激发适龄夫妇生育愿望，为处于人生头百月的儿童夯实其发展基础，分层分类的全方位支持不可或缺。各级政府颁布和落实各项服务与支持的政策乃至直接或间接提供经济援助至关重要。日本政府在 2024 年 2 月颁布法规，规定了从现在开始，每个国民每月捐约 500 日币（约合人民币 25 元）用于"育儿支持"。举全民之力来支持适龄生育夫妇生养孩子或许也不失为一个良策。与此同时，满足处于人生头百月的儿童需求，形成 0~7 岁儿童在各发展阶段可以无缝衔接的各种保育和教育模式也时不我待。

3.3 增强养育者幸福感

激发适龄夫妇生育愿望，除了提供经济和政策上的保障，还应着眼于提升他们的育儿幸福感和成就感。如果这些养育者从拥有胎儿之日起就可获得社会的正向支持；在他们遇到各种育儿困难之际，可得到来自各方的及时援助；当他们在育儿过程中感到茫然无序时，能得到各种专业的应时指导，那么这些养育者的幸福感就会油然而生。

要成为高收入国家,中国须持续加大对农村人力资本的投资

罗斯高 马修·博斯韦尔

中国在减少贫困方面取得了令人瞩目的成就,数亿人因此摆脱了贫困。这一点,中国政府无疑值得被高度赞扬。哈佛大学社会学名誉教授怀默霆(Martin Whyte)的研究表明,从20世纪80年代初至2014年,中国不同收入群体的生活水平均有显著提升。在如此短的时间内实现如此广泛的福祉增长,这样的成就在世界范围内都是罕见的。

然而,中国在迈向高收入国家的道路上仍面临挑战,尤其是农村地区数亿低收入群体的持续发展问题。他们虽然已经摆脱了贫困,但要实

---

* 罗斯高(Scott Rozelle),斯坦福大学弗里曼·斯伯格里国际问题研究所特聘高级研究员,斯坦福大学中国经济和制度研究中心联合主任。马修·博斯韦尔(Matthew Boswell),斯坦福大学中国经济和制度研究中心对外事务副主任。

现持续的经济增长及社会流动，仍然极具挑战。

这一挑战之所以被视为中国经济发展的根本问题，是因为农村地区的中低收入人口几乎占据了中国总人口的一半。长远来看，这可能会成为中国经济持续增长的重大障碍。实际上，全球每个国家和经济体都面临着各自的困难。中国目前正在从全球新冠疫情的打击中恢复，同时积极应对地方债务问题，重启房地产市场，这些都是政策制定者亟须解决的紧迫问题。然而，在未来的十年或二十年里，如何维持中国数亿低技能工人的生计，将成为一个更为根本的难题。这些工人在过去40年中推动了制造业和建筑业的蓬勃发展，也推动了中国的快速崛起。然而，由于他们的人力资本普遍低于城市居民，未来他们可能难以找到满意的工作，从而可能成为经济增长的拖累而非助力。

这就给中国的政策制定者带来了一个挑战：尽管农村低技能工人能够相对容易地迁移到大城市，但由于受教育水平不高，他们在城市劳动力市场中的竞争力不足。虽然中国政府在农村教育方面已经做出了巨大努力，但要在农村地区建立可靠的技术工人队伍，仍需时日。显然，中国已经意识到了这个问题，并继续加大对教育的投入。但在财政资源面临诸多需求时，这些努力仍然显得不够。要解决中国的农村人力资本问题并非易事，中国必须采取果断行动。

1. 中国迈向高收入国家的挑战：农村劳动力

中国目前约有8亿农村户籍人口。在20世纪80年代中国经济起飞初期，庞大的低技能农村劳动力曾是比较优势。随着中国从低收入国家发展成为中等收入国家，需要有计算读写能力、受过训练的劳动力群体。中国领导人认识到了这一点，在20世纪80年代大规模扩建了小学和初中，确保大多数进入中国劳动力市场的年轻人具备基本的算术和阅读技能，并能辛勤工作。义务教育制度的确立，为曾经的数亿劳动者提供了在国内快速增长的制造业和建筑业中从事低薪、低技能工作的机会，使得中国成为"世界工厂"。

在21世纪初，来自农村的低成本劳动力开始减少，而工资也在稳步上涨。在2010年左右，制造商开始将最低技能的工作岗位转移到海外，并投资自动化建设。与此同时，中国已经建设了大部分所需的公路、铁路、港口等主要基础设施。自2013年以来，中国政府的数据显示，制造业和建筑业的就业人数已经趋于平稳。

中国低技能工人将何去何从？官方统计数据显示，在过去十年，中国经济增长最快的领域是非正规服务行业。今天，将近60%的中国非农劳动力在非正规领域谋生，这一比例相较于2005年的40%有了显著提升。这些劳动者包括快递员、保姆、街头小贩、路边摊主和自行车修理工等。中国国务院原总理李克强曾在2020年的一次记者会上提到，中国约有6亿人口的平均月收入为1 000元左右。即便在新冠疫情冲击非正规服务行业之前，官方数据也已显示这些非正规工作者的工资增长开始放缓。在疫情期间，他们的实际工资下降更是不争的事实。

为了实现长期增长，中国政府正努力将经济增长策略从投资驱动转变为消费驱动。然而，非正规就业人口的庞大规模和长期停滞的工资水平阻碍了这一愿景的实现，原因主要有两个。首先，工资增长缓慢意味着人们的可支配收入有限。由于非正规工作者缺乏正式薪酬工作所附带的福利和社会保障，他们必须依靠储蓄来抵御失业或患病的风险。其次，中国的储蓄率在全球范围内已处于高位，部分原因在于中国社会保障体系的不完善。由于中国有超过一半的劳动力从事非正规工作，这限制了政府刺激需求的空间。

如果中国的低技能工人能够获得高技能工作，将有助于实现中国的经济发展目标。然而，中国的农村劳动者由于人力资本水平较低，在现代劳动力市场中缺乏竞争力。根据国际标准，中国整体劳动力（18~65岁）的平均受教育程度略低，这几乎完全归因于农村群体较低的教育水平，大多数农民工没有完成高中教育。

政府对此有着清晰的认识。在过去十年甚至更长的时间里，提升农村教育水平一直是中国政府的首要任务。例如，政府近年来扩大了农村地区的中等教育机会，提高了学校设施质量、教师工资，并增加了高中（包括普通高中和职业高中）的数量。然而，农村学生的人均教育支出仍远远落后于城市学生。农村学校的师资力量也不及城市学校。此外，农村家庭的分散居住、父母外出打工、孩子与祖父母一起生活或选择就读寄宿学校（甚至从小学阶段就开始寄宿）等因素，都对农村学生的教育质量产生了影响。例如，2015年的国际阅读素养进展研究（Progress in International Reading Literacy Study）项目的结果表明，在接受阅读素养评价的数十个国家的学生中，中国农村学生的平均得分是全球最低的。

农村教育的重要性不容忽视，因为随着近年来中国城市生育率的下降，如今超过70%的中国儿童来自农村地区。他们的父母大多已经搬到城市工作，尽管许多城市正在放宽户口政策，但落户限制依然存在。由于他们没有正式工作，或者其雇主未为其缴纳社保，或者无法负担房租而选择与其他人合住在集体宿舍等原因，他们在现阶段很难获得进入高质量城市学校所需的城市户口。中国非正规就业的增加不仅影响到非正规工作者本身，还因为他们几乎无法获得公共福利而影响到他们的孩子，无论是留守儿童还是随迁子女。这些孩子在农村学校接受教育，很难获得在高技能工作中所需的学术技能。

与其他曾达到类似经济发展水平的国家和地区相比，中国的情况更加让人担忧。研究显示，在20世纪70年代到90年代，爱尔兰、以色列和韩国等地在成为中等收入经济体时，他们的高中毕业率已经相对较高。高中和大学教育对于高收入的技术和白领工作至关重要。高中阶段是学生学习数学、科学、计算机和语言技能的关键时期，而这些技能对于高技能、高薪工作是必不可少的。尽管中国的平均受教育程度正在稳步提高，但与具有相似人均收入水平的其他国家以及高收入国家相比，中国进入高中并学习数学、科学和计算机的劳动力比例仍然较低。如果中国的工人难以从低技能工作过渡到高技能工作，这可能会阻碍中国向高收入、高技能经济体的过渡。

2. 当前目标：对中国农村进行再培训

中国当前实施的乡村振兴战略受到了广泛的认可和欢迎。中国在这些领域的成就值得关注和赞扬。然而，我们认为政策的重点应当转向解决数亿农村低收入人口的问题，他们目前处于正规经济体系之外。

有迹象表明，中国已经开始调整策略，以解决更多低收入人口的问题。例如，自2014年起，政府已经在一些区域试点放宽户口限制，使农村人口能够在这些城市合法定居。尽管许多人向往北上广深等大城市，因为那里的工资更高、经济更有活力、机会更多、教育和医疗资源更丰富，但农村人口想在这样的城市定居仍面临诸多困难。如果数百万低技能工人聚集在工作机会较少、学校和医疗服务质量较差的小城市，他们的存在可能会进一步减缓这些地区的发展，特别是考虑到农村劳动力普遍较低的教育水平。

3. 从三岁看未来：通过儿童早期发展投资解决农村人力资本挑战

中国日益增长的农村人口失业率并非易解之题。地球上每九个人中就有一个人生活在中国农村。尽管人们对这一群体的教育、健康、生产力和就业状况了解不多，但解决这个问题的方法复杂且昂贵，而且即使立刻成功实施，也需要多年时间才能显现成效。同时，在分析中国的增长前景时，我们不能忽视农村人力资本问题的规模以及中国所做的努力。

然而，中国一直都能够应对这种大而复杂的挑战。中国现在面临的基本问题之一是如何提高农村人口的发展水平，尤其是农村儿童的发展水平。国家卫健委现已启动了一项全国性的0~3岁儿童早期发展（ECD）试点项目。

问题：研究显示，有40%至50%的农村儿童存在认知发育迟缓问题。尽管对农村学校系统进行了大量投资，但发育迟缓很可能是导致农村儿童教育水平低下的一个重要原因。如果这种发育迟缓问题持续存在，可能将有近一半的中国农村儿童在小学阶段无法掌握更高级别的数学、科学、计算机和语言技能。解决这一问题的重要性甚至超过了中国儿童出生率下降的问题。随着儿童数量的减少，中国更需要提升那些新出生儿童的质量。

根源：这一问题并非源于基因，健康和营养也不是最重要的决定因素。政府在婴幼儿早期健康和营养方面的投资已经取得了显著成果，成功降低了营养不良、消瘦以及其他婴幼儿常见疾病（如贫血等）的发生率。真正的问题在于，许多中国农村的婴幼儿缺乏积极的养育刺激。研究还显示，在超过一半的农村家庭中，照养人并不经常给孩子读书、讲故事或进行互动。他们深爱自己的孩子，对孩子的教育抱有很高的期望，但他们仍在使用世代相传的育儿技巧。原因在于，无论是父母还是祖父母，农村照养人通常并不了解婴幼儿时期的积极互动与儿童未来学业表现之间的联系。

对策：这一挑战是可以克服的。根据最近发表在一家顶级公共卫生期刊上的荟萃分析，在中国农村地区进行的 10 项不同研究表明，如果照养人接受现代育儿方法的培训，他们会开始以更积极、更有助于刺激儿童发育的方式与孩子互动。研究表明，更高水平的刺激和更丰富的养育知识将为儿童的认知、语言和社会情感能力带来持久的提升。

值得庆幸的是，这正是国家卫健委当前试点项目的重点。下一步的挑战是找到有效且具有成本效益的方法，以便基金会、非政府组织、学术界和地方政府能够小规模地开展儿童早期发展项目，并逐步推广至中国广大的农村地区。在中国目前的经济发展水平下，每个社群都面临着诸多需求。但从长远来看，全球正逐渐认识到儿童早期发展的重要性。习近平总书记曾强调"以人口高质量发展支撑中国式现代化"。儿童早期发展是这一进程中至关重要的一环。中国已经在推广儿童早期发展项目方面取得了初步成功。将这些项目有效推广到全国农村地区，将为实现国家的长期经济增长、减少不平等以及促进持久共同繁荣等目标奠定坚实的基础。

（中国发展研究基金会儿童发展研究院儿童发展创新实验室副主任李雨童　校译）

中国发展研究基金会简介

中国发展研究基金会是国务院发展研究中心主管的全国性公募基金会，于1997年在民政部注册成立，宗旨为"支持政策研究、促进科学决策、服务中国发展"。基金会承办"中国发展高层论坛"，开展儿童发展、绿色发展等方面的社会试验项目，承担经济社会以及可持续发展等多领域重要研究课题，政策建议多次获中央领导批示，已成为集国际交流、社会试验和政策研究于一体的高端智库型基金会。

基金会的资金主要来源于国内外企业、机构、个人的捐赠和赞助。资金的主要用途是支持政策咨询和学术研究活动；开展国际交流与合作；组织人员培训；奖励在政策咨询和学术研究方面做出突出贡献的人员；资助符合基金会宗旨的其他社会公益活动。

2010年和2015年基金会被民政部评为"全国先进社会组织"。2019年和2024年基金会被民政部评为"中国社会组织评估等级4A级"，基金会儿童发展研究院荣获党中央、国务院授予的"全国民族团结进步模范集体"荣誉。

基金会现任理事长是国务院发展研究中心原副主任、第十四届全国政协提案委员会副主任张军扩。